CÓMO MONTAR UN
ESPECTÁCULO TEATRAL

ROBIN
BOOK

Miguel Casamayor y Mercè Sarrias

CÓMO MONTAR UN ESPECTÁCULO TEATRAL

MA
NON
TROPPO

© 2013, Miguel Casamayor y Mercè Sarrias

© 2013, Ediciones Robinbook, s. l., Barcelona

Diseño de cubierta: Regina Richling

Imagen de cubierta: iStockphoto

Producción: ebc, serveis editorials
Diseño de interior: Montse Gómez

ISBN: 978-84-15256-47-2

Depósito legal: B-15.315-2013

Impreso por Sagrafic, Plaza Urquinaona, 14, 7.º 3.ª, 08010 Barcelona

Impreso en España - *Printed in Spain*

ÍNDICE

ANEXOS

Es cierto que existen personas como Willie
Loman,* pero no me parece que sea necesario
escribir sobre ellos una obra de teatro.

GARY COOPER
(A quien mucha gente atribuyó
miopía toda la vida.)

---

* Willie Loman es el personaje protagonista de *La muerte de un viajante*, de
Arthur Miller.

INTRODUCCIÓN

(Este capítulo, si quieres, te lo puedes saltar)

Cómo montar un espectáculo teatral pretende ser una herramienta de trabajo y un libro ameno a la vez. Un recorrido paso a paso por todos los elementos necesarios para montar un espectáculo teatral. En todos los sentidos: tanto los técnicos como los creativos.

En las páginas que siguen puedes encontrar desde consejos sobre cómo plantear un calendario de ensayos, el papel del iluminador y cuántos técnicos son realmente necesarios para poder poner en marcha un espectáculo, hasta las necesidades dramáticas a la hora de construir un texto, ya sea a partir de una obra, una canción o una improvisación. Además de consejos de lo más práctico del tipo: «Adáptate a las posibilidades de la sala donde vas a estrenar el espectáculo. Si no tienes potencia para una parrilla con cien focos, la iluminación DEBE ser sencilla». Parece de Perogrullo, pero ¿cuántas veces hemos visto un diseño de iluminación que no tenía nada que ver con las posibilidades del teatro donde se iba a representar la obra?

A veces parecerá caótico, porque no es lo mismo montar un espectáculo de texto, que uno mudo tipo Fura dels Baus o Cirque du Soleil. Ya no digamos un musical o un monólogo o crear un texto a partir de una improvisación. Pero, a pesar de todo, hemos querido que el valor de la experiencia y el momento privaran sobre un orden estrictamente racional, para apostar por la sencillez.

También encontrarás comentarios más que discutibles, porque el teatro tiene puntos de vista muy distintos y aglutina mil maneras de verlo y de vivirlo. Es un libro escrito desde una voluntad de guía no exhaustiva, compañero de viaje en la aventura y amigo al que a veces podemos criticar.

Como curiosidades, hay algunas obsesiones de director: «por qué es importante llevar desde los primeros días los zapatos que se pondrá el personaje el día del estreno» e indicaciones de dramaturgo recalcitrante: —«Construye un texto que plantee un conflicto y se resuelva. A veces, se plantea una cosa y se resuelve otra»— que podrán parecer también obvias. Pero la obviedad a veces ordena y sugiere, previene y avanza posibles errores de futuro.

Cuando nos enrolamos en la aventura de montar un espectáculo, nos adentramos en un bosque donde los árboles nos van a entorpecer la tarea de ver todo el proceso de una manera global. Y no por eso los talaremos, como mucho, los podaremos. Y aunque no vayamos por el camino más largo, sino por el atajo, perderemos el norte unas cuantas veces. Habrá días en que todo saldrá mal y parecerá que no llegamos a ninguna parte, y otros, los peores, en los que no sabremos si los ensayos van bien, van mal o si ni siquiera van. Una vez estás en medio, hay que saber convertirse en el río que atraviesa el bosque, porque tienes que intentar estar dentro alimentando a los árboles y fuera viendo el bosque desde diferentes ángulos. Ya lo decía Bruce Lee: «Sé agua».

Por esto es tan interesante cuando al final llegan unos cuantos ojos amigos o conocidos, ven el espectáculo y nos dicen, invariablemente que es ¡magnífico! (qué van a decir si son amigos y han visto como todo el mundo perdía el sueño, los nervios y hasta las ganas de reír las últimas semanas). Pero recordando a Ulises y las sirenas, nos taparemos los oídos y abriremos los ojos, para dedicarnos a espiarlos y estudiar sus reacciones para mejorar la función. Y aún más, lo interesante será cuando el espectáculo se enfrente al público y veamos cuál es el resultado final. El calor o el frío de una sala llena (y no estamos hablando del aire acondicionado), la conexión del público con lo que está viendo y el valor que le dan al espectáculo, es algo que todo creador puede notar (y toda la platea).

Como toda guía, no hace falta leerla de cabo a rabo, sino que lo ideal es meterla en el fondo de la cartera y ojearla cuando tengamos tiempo, en el autobús, antes de caer dormidos Saltando de un lugar a otro según el interés del momento. Si al final del montaje, está arrugada, subrayada y le faltan algunas hojas, nos daremos por satisfechos.

MIGUEL CASAMAYOR y MERCÈ SARRIAS

ANTES DE EMPEZAR

(Pero no es una introducción, este capítulo no te lo puedes saltar)

El respeto por la técnica

Decía un amigo que lo único que necesita un actor o actriz para hacer teatro es tener buena memoria. Desgraciadamente, hay cada vez más profesionales que piensan lo mismo. Y no sólo del elenco.

Y es una pena, porque un actor o actriz, como cualquier otro artesano, necesita dominar sus herramientas, que en este caso son su cuerpo y su voz, para hacer bien su trabajo. Por poner un sencillo ejemplo, la técnica vocal necesita conocerla hasta el punto de poderla adaptar al espacio donde está actuando, porque el texto no puede ser dicho de la misma manera en un teatro para cien espectadores que en otro donde quepan mil. A no ser que seas uno de esos actores que sólo puede trabajar en escena si lleva un micro incorporado.

Y también has de tener en cuenta que si te mueres en escena después de una batalla o traición, ningún espectador quiere verte en el suelo muerto mientras fatigado mueves el pecho al respirar. Preferirían creer que estás muerto de verdad, si pudieras estarte quieto sin mover un solo músculo, para poder llorar tu pérdida. Porque si te ven respirar, de repente, les recordarás que están en un teatro y que tú en el suelo estás homenajeando a Brecht sin quererlo. Eso si estamos hablando de una actuación realista, claro.

Repetimos. Una buena actuación sólo se consigue dominando las diferentes técnicas y conociendo todas tus posibilidades interpretativas.

Lo mismo vale para un escenógrafo. Si es bueno, no hará maravillas impracticables por donde los actores no pueden ni andar porque resbalan (no pondré ningún ejemplo, pero los hay a montones), o si hablamos del figurinista no hará un vestuario que apriete e impida a los actores moverse con la misma facilidad que lo hacían durante los ensayos. Sí, quizá es muy bonito, pero no sirve. Las cosas hay que hacerlas bonitas, espectaculares, técnicamente adecuadas y, si puede ser, con los tiempos que corren, no nos engañemos, muy baratas.

Por eso, este libro incidirá en todo momento en la necesidad de cuidar a las personas, las formas, la técnica y el proceso. En hacer un espectáculo artesano, teniendo en cuenta los detalles, para que el resultado final brille, pero que no se estrelle, y para que todo y todos (y todas) sirvan a la creación final.

 El egoísta es una persona de mal gusto que se preocupa más de sí mismo que de mí.
Ambrose Bierce

La batalla de reinas

Y antes de empezar, además del respeto por la técnica, nos gustaría hablar de otro tema peliagudo y, a nuestro parecer, parateatral, aunque sea un lugar común: cómo afrontar al peor enemigo a la hora de montar un espectáculo: el ego. La batalla de reinas.

Si quieres montar un buen espectáculo, es lo primero que debes erradicar y no escuches a los que te den referencias de espectáculos fantásticos en los que todo el mundo se odiaba. A no ser que seas el demonio o masoquista, o las dos cosas a la vez, nadie, excepto Rimbaud y sus fans, quiere pasar una temporada en el infierno. Como decían los revolucionarios franceses, las personas debemos intentar ser felices. Recuerda: sea quien sea el motor primero, lo que vamos a hacer es un trabajo en equipo. Todo el mundo debe participar y debe ser escuchado. Nadie por encima de nadie, eso sí, respetando siempre el papel de cada uno de los participantes.

Entre los miembros de la compañía, la única manera de funcionar es la sinceridad, la honestidad brutal, cueste lo que cueste. Todos los componentes están obligados a lidiar con la verdad. Es la única manera de conseguir mentir de maravilla sobre el escenario. Duela o no duela (en realidad no cuesta y no duele, si lo comparamos con una muela, pero ya me entendéis).

Pero, os preguntaréis, si todos nos dedicamos a opinar, ¿quién manda? Si vamos a los orígenes, históricamente, el primero que manda es el autor. Después el actor, y más tarde el productor —mecenas—. Y desde el siglo XIX, el director. Y en estos tiempos eclécticos, todos.

Si tenéis un productor que invierte su dinero o el de sus amigos, y no es un mero gestor de las subvenciones recibidas, en una sociedad capitalista, no nos engañemos, manda él. Si no acostumbra a ser el director, pero como ya hemos dicho, en los últimos tiempos, hay actores que también dirigen y los autores vuelven a coger las riendas de sus propias obras, quizá escarmentados por algunas malas experiencias o después de ver alguna producción surrealista de su texto, o con el ego disparado, en busca de fama y dinero (ilusos). Pero supongamos que aquí, en tu propuesta, no hay dinero que valga. Todo el mundo lo hace por amor al arte, para disfrutar.

El problema de quien manda no sólo afecta al funcionamiento del proceso de creación, sino también al resultado final, porque según quien lo haga tendremos un espectáculo u otro. Vayamos a los posibles motores primeros, que suelen ser el autor, el director, un actor o una compañía ya preestablecida. El espectáculo será diferente si la razón para montarlo viene de uno o de otro. El autor quiere dar vida a lo que ha imaginado tal cual lo ha escrito. Si él es el motor primero, el texto prevalecerá por encima de todo, no habrá cambios, transformaciones ni grandes fragmentos eliminados. Y no sólo por egoísmo, sino porque lleva meses trabajando, le ha dado muchas vueltas y se ha autoconvencido de que ésa era la única manera. Quiere defender su punto de vista.

Si lo es el actor, que cree que es muy bueno, sólo querrá, caiga quien caiga, autor, director, compañeros, oír los aplausos y sólo se preocupará por mostrar sus posibilidades como intérprete pasando por delante de cualquier consideración hacia la obra o la dirección. Ha encontrado la muleta que lo hará inmortal y quiere lucirse.

El director, bueno, un director también puede creer que los actores son marionetas y el texto ajeno una ocasión para lucirse. Hay directores que aparecen el primer día de ensayos con toda la obra dibujada en un papel y la ponen en escena tal y como la han pensado, sin escuchar jamás a un actor ni cambiar a un escenógrafo ni un ápice su idea original del espectáculo, aunque ante él haya un despliegue de actores fantásticos, creativos y grandes propuestas de montaje que van surgiendo a medida que el texto va tomando forma.

Y si manda la compañía dependerá de las circunstancias: ¿quién manda en la compañía? ¿El primer actor y su novia? ¿El director y su hermano?

La batalla de egos es el mayor enemigo del *show business* en general y del espectáculo en particular. Y no tenemos que olvidar que la hostelería y el espectáculo han ido desde hace muchos años de la mano en la mayor parte del mundo: cenas espectáculo, cabaret, actores que hacen de camareros y camareros que esperan triunfar un día, etc. Y en realidad tienen en común que la única razón que debe mover al equipo artístico-técnico debe ser la de servir al espectáculo y no la de servirse de él.

Es sencillo, si somos capaces de expresar ante los otros lo que nos parece bien o mal y respetamos el papel de cada uno en el proceso (pero sin pasarse, hay que respetar a las personas, pero jamás sus ideas), el resultado final nos gustará y, por lo tanto, para los que lo hacéis, que seréis los primeros en verlo, será un buen espectáculo. Después ya veremos lo que dice el público.

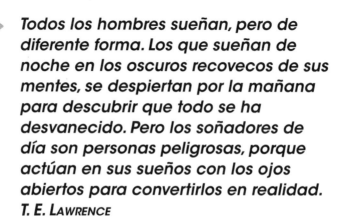 *Todos los hombres sueñan, pero de diferente forma. Los que sueñan de noche en los oscuros recovecos de sus mentes, se despiertan por la mañana para descubrir que todo se ha desvanecido. Pero los soñadores de día son personas peligrosas, porque actúan en sus sueños con los ojos abiertos para convertirlos en realidad.*
T. E. Lawrence

QUÉ ES UN ESPECTÁCULO

Pero antes que sigáis leyendo toda esta información sobre cómo montar un espectáculo, podemos volver un poco al principio. Lo básico siempre sirve para situarnos.

Primero: ¿qué tipo de espectáculo? Divertido o didáctico, pero que haga un taquillazo. O os queréis someter a los modelos dominantes y montar un clásico de un autor reconsagrado (sí, sí, Shakespeare), o preferís provocar el desconcierto montando *Insultos al público* de Peter Handke. ¿Quizá sea mejor que os adaptéis al espectador? O no, mejor hacéis actuar al público y que se las apañe, como epígonos de La Fura dels Baus. Sólo una recomendación: hagáis lo que hagáis huid de las reconstrucciones arqueológicas y hacedlo convencidos.

Definir qué es un espectáculo no es difícil (y otros ya lo han hecho por nosotros con anterioridad): espectáculo es todo lo que se ofrece a nuestros sentidos, especialmente el oído y la vista.

Históricamente «el espectáculo» siempre ha estado muy mal visto. Y no sólo por nuestros gobernantes, sino también por unos cuantos teóricos. Aristóteles decía, por ejemplo, que el espectáculo, pese a que en su naturaleza está el seducir al público, es lo más extraño al arte y lo más lejano a la poética. Vaya.

Y unos cuantos después siguieron igual. Hasta que llegó Artaud y lo de montar un espectáculo dejó de estar mal visto, porque primero Antonin, que aunque no os lo creáis podía hacer vomitar al público, horrorizado ante lo que veía, y después la moderna preponderancia de los directores en el hecho teatral, nos han llevado a decir, sin avergonzarnos, que «vamos a montar un espectáculo» y no que «vamos a montar una obra». El espectáculo es la Némesis de la obra.

Algunos teóricos, como Barthes, hacen una diferenciación entre las palabras obra y texto. Obra es esa literatura dramática muerta publicada en un libro o en Internet y texto es esa cosa viva que se crea a partir de una obra durante los ensayos y que sólo aparece en el escenario ante el público. Para el aquí y ahora.

Eso nos lleva a considerar que hoy en día lo más importante en la representación es la puesta en escena. Quizá porque los teatros nacionales y municipales tienen la tendencia, desde hace muchos años, a montar autores reconsagrados y remuertos ya que en Occidente nos encantan las novedades. La suma de las dos cosas ha conseguido que, donde antes estaban el actor, el autor o la actriz, estén ahora los directores y dramaturgos, que han pasado a primer plano, al caer sobre sus espaldas el trabajo de renovar año tras año los viejos textos, vueltos a programar. Además, los nuevos directores han abierto el espacio escénico para involucrar al público, rompiendo el marco habitual y saltando a la platea o a cualquier otro lugar. Usan y abusan de la técnica y rompen con todos los convencionalismos, pero de esto volveremos a hablar más adelante.

En Oriente, aunque también les gusta montar espectáculos de autores tan muertos como los nuestros, su interés no está en renovarlos, sino en hacerlos como siempre. Y donde el espectador disfruta no es admirando la novedad de la puesta en escena, sino con la destreza del actor o actriz. El espectáculo está en la habilidad de los intérpretes, que se esfuerzan en mejorar aquello que ya hemos visto muchas veces.

Quedémonos con la idea de que «queremos montar un espectáculo», mal que le pese a Aristóteles y a Oriente. Y lo queremos hacer con una obra que se adapte a lo que deseamos decir, sea de nuestra creación o encontrada en cualquier librería, y en un teatro que, sin necesidad de que sea convencional, tenga muchas butacas y un lugar para poner una escenografía. Seguramente, el público se quedará sentado la mayor parte de la representación y al final esperaremos que aplaudan. Quedémonos con estas premisas.

 Sólo valen las palabras, el resto es charlatanería.
Eugène Ionesco

EL TEXTO

El motivo

Los tres elementos más importantes del hecho teatral son: el motivo que nos impulsa a querer compartir una experiencia humana, el texto, entendido como resultado final que sólo aparece ante el público, y éste, que da sentido a todo lo anterior.

Ese motivo o motor primero no siempre es el vano intento de que nos quieran, ni siquiera un texto pensado para el teatro, una obra de Shakespeare, un Chejov, quien sea. Sino cualquier cosa: un poema, una canción, una novela, un informe o un sentimiento. El texto que elijamos no tiene por qué haber sido concebido como obra de teatro, pero sí que tiene que ser algo que nos haya inspirado y nos permita explicar lo que queremos.

Con él, a través de él y esperemos que no «a pesar de él» montaremos un espectáculo, pero no es de ninguna manera el elemento más importante de éste, porque tanto da que quieras seguir los pasos de La Fura dels Baus o montar una obra para el Centro Dramático Nacional, lo único que debes tener muy claro es qué quieres explicar.

Los límites de mi lenguaje son los límites de mi mundo.
L. WITTGENSTEIN

Tipos de texto: pros y contras

El texto escrito

Una razón habitual pero muy poco recomendable para decidirse por una obra u otra es que salgan tantos personajes como miembros hay en una compañía. Por eso, como en la mayoría de compañías de colegios, institutos o cursos de teatro hay más mujeres que hombres. *Lisístrata* de Aristófanes, la historia de unas mujeres que se revelan y se niegan a hacer el amor con sus maridos hasta que acabe la guerra, es una de las obras más representadas de todos los tiempos (si exceptuamos cualquier Shakespeare, claro).

Pero supongamos que la Grecia clásica no os atrae, hay muchas otras posibilidades y debemos intentarlas todas. Hay que perderse en bibliotecas, librerías especializadas o en casa de cualquier loco acumulador de libros de teatro y conseguir encontrar la obra que se busca. Hay centenares de páginas web en Internet que os ofrecen información sobre autores nacionales o de cualquier país, sobre los personajes que tiene cada una de sus obras, y suelen incluir un resumen del argumento. Tiene que ser un texto que nos guste, que conecte con nosotros y nos cautive. No valen medias tintas o «esto no está mal». Vamos a convivir con él muchos meses y va a ser muy grande el esfuerzo para ponerlo en escena. Tiene que valer la pena.

El hecho de que tenga más o menos los personajes que necesitamos es, a nuestro parecer, un mal menor. Porque una vez encontrado, no hace falta que seamos fieles o que no movamos una coma y nos acoplemos a un autor que quizá hace ya muchos años que la escribió. Vamos chicos, no seáis tan cómodos, hay miles de obras con más o menos personajes que podéis cortar y volver a coser, hasta que consigáis lo necesario para vuestras necesidades y vuestra compañía. Sólo tenéis que tener claro lo que queréis contar y buscar y buscar y coser y cortar.

También se puede dar el caso, no os quiero desanimar, de que encontréis la obra ideal, hay tantísimas. Y si después de buscar, cae en vuestras manos una que tiene los personajes necesarios, se desenvuelve en un mundo que os interesa y, ¡bingo!, os parece que la podíais haber escrito vosotros, enhorabuena, podéis poneros manos a la obra, nunca mejor dicho.

Pero si no, hay que ponerse a trabajar. Debemos hacer nuestra la obra.

El texto de creación colectiva

Otra posibilidad es hacer un espectáculo con un texto de creación propia. Primero hay que ser consciente de la cantidad de tiempo que tenemos. Si el estreno tiene una fecha cercana, nunca os recomendaríamos que a base de improvisaciones pongáis el texto en pie. En este caso, es muchísimo mejor tener muchos meses de ensayo por delante. O al menos, hay que convencer a la compañía de que hay, sea el que sea, mucho tiempo por delante y de que vale la pena. Lo tienen que hacer convencidos. Vamos a intentar montar un espectáculo de la nada: magia potagia.

Pensémoslo bien. ¿Qué tipo de compañía tenemos? Hay gente que se adapta mejor o peor a las diferentes maneras de trabajar. ¿Son actores muy creativos? ¿Proclives a los cambios? ¿Tienen ganas de improvisar y sugerir, o prefieren trabajar sobre un texto ya establecido? No todos los equipos sirven para todo. Si os conocéis poco y venís de diferentes escuelas, quizá sea mejor que trabajéis sobre algo ya establecido que os permita tener cosas en común desde el primer momento. Si, por el contrario, sois un grupo sólido, amigos desde hace tiempo, gente con la que ya habéis montado algún espectáculo, quizá la improvisación sea el mejor camino. Sobre todo si tenéis maneras parecidas de ver el mundo y una idea común de lo que queréis comunicar.

Más adelante ya hablaremos de los problemas técnicos o del proceso a la hora de crear un texto a partir de un *leitmotiv*, pero no perdáis la posibilidad de hacerlo. Muchas veces, el espectáculo resultante es mucho más fresco, actual y conecta mucho más con el público, que el que surge de un trabajo sobre un texto preexistente. Pero también existe el peligro de que construyamos algo un poco vacío y a la deriva. Conseguir asentar sobre una idea requiere un esfuerzo mayor.

Lo que será fundamental para llegar a buen puerto es el motivo o la razón por la que estáis improvisando. Si no el resultado final sólo puede ser un *happening*.

Un texto a partir de un cómic, una canción, una novela

Aquí tenemos una tercera posibilidad. El camino de en medio. No hemos encontrado ningún texto que se adapte a nuestra compañía, pero no tenemos claro tampoco que queramos improvisar. ¿Por qué no recurrir a un cómic, una canción, una novela o una noticia o un artículo sobre economía? Cualquier posibilidad es buena, siempre y cuando haya un momento en que nos digamos a nosotros mismos (o a quien quiera que esté a nuestro lado en ese momento): «Con este material podría montar un espectáculo». La motivación. Volvemos a lo mismo.

Si esto nos sucede, si encontramos la canción que nos inspira o el poema que nos hace estremecer, no vamos a tener dudas: podemos montar un espectáculo a partir de este material. Los problemas que encontraremos no serán los mismos que con un texto teatral convencional, ni nos sentiremos tan «solos» como cuando improvisamos. Tendremos, eso sí, otras dificultades, pero seguro que valdrá la pena. Es más, podría ser que no se nos hubiera ocurrido montar nunca un espectáculo, encontrar algo que nos motive, puede ser la razón primera para hacerlo.

 La juventud no debe admitir los frutos de la cultura recibida, sino que debe elevarla a nuevas cimas a las que no lleguen las personas de anteriores generaciones.
K. Stanislavski

El trinomio dramaturgo/director/creación colectiva

¿Cómo vamos a montar el espectáculo? ¿Cuál será nuestra manera de trabajar? Ante nosotros se despliega el trinomio director/dramaturgo —en sus dos acepciones, la del autor convencional que escribe tranquilamente en su casa una obra, y la del autor que reescribe, reinterpreta y reinventa la obra para la escena— y la creación colectiva, como una tercera opción para crear texto.

Según la acepción francesa, dramaturgo es definido en la mayoría de los diccionarios, desde el de la Real Academia a la Wikipedia, como el autor, el que escribe para la escena. Este dramaturgo nos atrae si hemos encontrado la opción ideal, la obra que nos inspira, tiene el número de personajes que nos interesan y explica exactamente lo que queremos decir. En este caso, tendremos un texto que necesitará de un director para ser llevado a escena.

Pero adentrémonos en la figura del dramaturgo en toda su plenitud. La que nos permite tener un concepto más abierto de lo teatral. Vayamos a la acepción alemana del dramaturgo. Convirtámonos en *dramaturg (in)*.

Para los alemanes, desde Brecht, el dramaturgo hace una relectura de la obra, trasladándola o no de lugar, de tiempo, haciendo desaparecer personajes o cualquier otra ocurrencia, para poder comunicar su intención. El dramaturgo estudia el texto desde un punto de vista formal e ideológico, con la intención de que pueda ser representado, según las posibilidades y las necesidades de la compañía (la compañía no se ajusta a los textos, sino que los textos se ajustan a la compañía). Se trata de revalorizar la obra para que pueda llegar al escenario, y más importante todavía, a la platea.

Un ejemplo bien claro que recoge Xavier Fàbregas, en Cataluña, es de mosén Gaità Soler, que, en 1898, decidió montar un *Hamlet* para la escena católica, donde tenían por norma no dejar que las mujeres subieran al escenario por los consabidos peligros y la facilidad que tenían, según ellos, para pecar. Así que, ni corto ni perezoso, Gaità hace desaparecer a Ofelia y a la madre de Hamlet, porque, naturalmente, los hombres sólo se transvisten en la escena católica para hacer de la Virgen en *Els pastorets*, pero jamás para hacer otro personaje femenino. Y, como no le gustaba el final, decidió que Hamlet perdonaba al rey y comieron perdices. Un claro ejemplo de dramaturgia para ser representada según las posibilidades y las necesidades de la compañía. Nos guste o no.

En el teatro contemporáneo occidental, hay tantas maneras diferentes de montar una obra que el hecho de llevarla a escena multiplica su sentido. La obra puede dejar de ser el centro del universo teatral. Lo importante es la puesta en escena, pero debemos hacerlo bien. Y para ello necesitamos un dramaturgo. Hay muchos directores que son dramaturgos a la vez. Leen la obra y trabajan sobre ella hasta encontrar la forma de ponerla en escena de manera que exprese todo lo que quieren decir. Otros prefieren echar mano de uno que les reordene y reinterprete el texto. La unión entre un dramaturgo y un director suele durar más de un espectáculo, son un matrimonio bien avenido del que esperamos producciones con un marchamo común, una manera de ver el teatro. Siempre que el fruto de esa unión no lo asesine el público.

Pero puede ser que el director haya decidido trabajar sobre la creación colectiva o que una compañía quiera hacer un espectáculo a partir de lo que vaya surgiendo en escena o que un dramaturgo... No este último, no es el caso, ante un escenario no encontramos nunca a un dramaturgo, sólo encontraremos un director, quizá acompañado en el asiento de al lado por el dramaturgo, o a la compañía sola en el escenario que, seguramente se dará cuenta tarde o temprano de que necesita alguien que le guíe, reordene lo que va surgiendo y ponga proa hacia alguna parte.

La idea de la creación colectiva, lejos de ser un invento moderno va unida al teatro desde la famosa noche de los tiempos. Hasta nuestros días ha resistido uno de sus más ilustres ejemplos: la comedia del arte, que aparece en Italia en el siglo XVI. Algunos incluso la sitúan en la tradición de cómicos anterior a Plauto, pero nosotros no iremos tan lejos. En la *Commedia dell'arte*, actores y actrices (son uno de los primeros grupos en subir mujeres a la escena) representan un personaje típico: la enamorada, el avaro, el capitán. Y con la ayuda de un pequeño argumento improvisan para poner en pie el espectáculo. La *Commedia dell'arte* llegó a exportarse a todo Europa con enorme éxito, pero como todo, con el vaivén de las modas, fue perdiendo con los años el gusto del público, siempre necesitado de novedades, hasta entrar en decadencia en el siglo XVIII.

La reaparición de su espíritu la situamos en los años sesenta del siglo XX cuando algunos grupos, a caballo de los nuevos tiempos, deciden acabar con el teatro dictatorial, ese en el que todas las decisiones las toma o bien el productor, o el director o el primer actor. Son compañías que apuestan por la creación colectiva: viva la democracia. Entre todos lo haremos todo. Libertad creativa. Y surgen grupos como el Living Theater, Bread and Puppets, y en España Comediants, o Joglars o Tábano. Y ahora un comentario que no significa nada: de los cinco grupos mencionados sólo quedan dos en la actualidad y hace años que ya no trabajan de esta manera. ¿Y vosotros os preguntaréis por qué? Porque no es fácil.

La amenaza más grande para poner un proyecto así en marcha, son los problemas que ocasiona la dinámica de grupo. Otra vez la batalla de reinas, los egos desatados. Porque en último término, el elenco siempre cree ser el creador o eso creen ellos, enfrentándose a menudo al director, que piensa que es él que ha dirigido a los actores hasta ese resultado final o que ha conseguido sacar lo mejor que tienen de ellos mismos, reordenándolo hasta que ha tenido un sentido.

Hay muchos «niveles» de creación de texto en escena, desde el director que tiene una idea en su casa y la lleva esquemáticamente a los ensayos con actores que le proponen cosas a partir de lo que él ha diseñado, hasta el que trabaja sobre lo que les sugiere una obra determinada (sí, Shakespeare, muy a menudo, como siempre), hasta el que busca y busca sin parar a partir de lo que le proponen los actores.

El problema reside en qué punto la autoría es de unos u otros. Y la cosa se complica si el director cree que él lo ha puesto todo, si los actores están seguros que son ellos los que han propuesto y el apuntador afirma que el final espectacular del montaje es suyo. ¿Quién es el autor?

Y atención, porque este concurso sobre quién tiene el ombligo más redondo viene con un contenido económico de por medio. En el juicio que le pusieron a Albert Boadella, uno de los fundadores de Joglars, para que éste reconociera la autoría o la parte de autoría de los actores en sus obras, el juez acabó dándole la razón a Boadella. Pero muchas veces, la cosa no está nada clara.

La decisión de trabajar a partir de un texto, con un dramaturgo o hacer una creación colectiva es vuestra. Depende un poco de vuestro espíritu, del tipo de compañía que seáis y de cual sea el objetivo a conseguir. Pero por favor, dejad claro el papel de cada uno desde el principio. Os ahorraréis un montón de problemas.

EL EQUIPO:
¿CUÁNTOS DEBEMOS SER?

Éstos son todos los que son, pero no todos los que deben estar. A continuación definiremos uno a uno todos los oficios tradicionalmente necesarios para montar un espectáculo y su función, aunque esto no quiera decir que siempre que hagamos un espectáculo tengan que estar todos ahí.

Muchas veces es mejor adaptar la cantidad de gente que participa no sólo a nuestras posibilidades (qué remedio), sino también a las necesidades del espectáculo que queremos hacer. No hace falta que movilicemos a un músico, amigo de un amigo, que lo hará por hacer un favor, o porque le hace una ilusión de muerte, y después nos demos cuenta de que no queríamos música compuesta para la ocasión y que preferíamos poner una canción conocida. Tenemos que pensar muy bien cuánta gente es necesaria y evitar el máximo de problemas posible.

Y una cosa más, ya que estáis pensando, aprovechad para dar vueltas sobre a quién metéis en vuestro barco, porque cuando todo el mundo trabaja para pasárselo bien (o sea, sin cobrar) no es nada fácil decir que no. Cambiar ese vestuario que no se adecua en absoluto al espíritu de la obra o a nuestra visión de ella, o despedir a una maquilladora que tiene ganas de que parezca que todos salen de un carnaval puede ser muy doloroso.

La portería de mi casa tiene una decoración horrible, porque una vecina se ofreció a hacer el «diseño de decoración» y nadie se atrevió a poner ninguna objeción, aunque muchos, conociendo su casa, la tenían. Ella ya hace tiempo que se fue del edificio, pero todos los otros vecinos pasamos cada día por ahí, y disfrutamos del «magnífico paisaje». Lo mismo con nuestro espectáculo: debemos levantarlo con buen pie y si dudamos de algo al principio, hay que atajarlo antes de que acabe convirtiéndose en una decoración que pone los pelos de punta.

A la hora de proponer a un grupo de gente participar en la aventura de estas características, debemos convertirnos en el mejor director de recursos humanos. Seguramente ya tendremos una compañía, con algunos actores que están ahí por derecho propio, pero el resto del equipo hay que ajustarlo según las necesidades y con gran acierto. Mejor hacerlo lentamente y por consenso. Hay que evitar decir que sí al primo del primer actor, que sabemos que no es buen iluminador, e insistir en encontrar a aquella coreógrafa que lo hizo tan bien y es amiga de un conocido de nuestro vecino. Hay que luchar por montar el mejor equipo posible y, sobre todo, llenarlo de gente creativa y con buenas vibraciones. No nos interesan los divos ni la gente que no quiere trabajar en equipo.

El equipo artístico

 Un actor es una persona que no te escucha, a menos que estés hablando de él.
MARLON BRANDO

El elenco

Cuando Tespis, en la Grecia clásica, decidió confrontar los argumentos del coro creó el protagonista y con ello al actor. El primer actor y, valga la redundancia, porque era el único. Después con Esquilo llegaría el segundo actor y el tercero con Sófocles, para dejar atada y bien atada la tragedia. A partir de ese instante, en Grecia, el primer actor, el segundo y el tercero no sólo vivieron bien, sino que además gozaron de numerosos privilegios. Pero, poco a poco, la profesión perdió su pátina sagrada y cuando en Roma la comedia empezó a degenerar, la actuación se consideró socialmente un oficio de esclavos.

En la sociedad occidental y también en alguna oriental tendremos que esperar hasta el siglo XIX para que deje de verse como un trabajo infame. Teniendo en cuenta que la Grecia clásica es antes de Cristo, es una barbaridad. A las mujeres les prohibieron subir al escenario hasta el Renacimiento, excepto en Inglaterra, donde los hombres siguieron meses y años haciendo todos los papeles.

Las compañías dependían de los nobles y hasta el siglo XIX, otra vez, ningún actor pudo decir aquello tan bonito de «yo sólo me debo a mi público». Entonces, otra vez, los actores y actrices fueron aclamados, vitoreados, exaltados y pudieron encontrar mesa en cualquier restaurante, que en esos tiempos ya los había. Se cumplía la teoría del eterno retorno y se convertían en unos monstruos sagrados. Y con los nuevos actores llegaron las nuevas técnicas interpretativas: Stanivslaski, Artaud, Meyerhold, Grotowski, Brecht, una revolución.

Pero démosle vueltas un poco más al oficio de actor desde una perspectiva moderna. Respecto a los actores y la actuación, hay varias premisas de las que fijaron estos teóricos, directores y grandes renovadores del teatro que creemos importante recordar.

La representación sólo existe en el presente común al actor, al espacio escénico y al espectador. Es un momento único e irrepetible.

El actor es el puente entre el texto, el trabajo de dirección y los ojos y oídos del espectador. Un buen actor puede levantar un texto mediocre, porque es capaz de darle vida, pero uno malo hundirá irremediablemente a Shakespeare, a Chejov o a quien sea. Sin perdón.

Cada espectáculo requiere un actor con unas características diferentes. Es obvio que si el espectáculo trabaja más con la acción y el movimiento que con la palabra, necesitaremos un actor que haya estudiado el cuerpo. En cambio si el texto es complicado, buscaremos a alguien que domine la voz y su proyección.

Pero no sólo esto. Cada escuela o tendencia ha buscado un tipo de interpretación diferente. Brecht quiso que el público se distanciara y contemplara el espectáculo desde fuera, para poder entender mejor lo que se le quería decir. Si nos queremos poner brechtianos, optaremos por un actor capaz de hacerlo, que sobre la escena nos muestre la vaciedad de su personaje. Otros directores y teóricos, como Stanivslaski o Meyerhold, se decantan por un actor capaz de vivir y de sentir las emociones de su personaje y sepa hacer vivir al público la historia, esperando que después, a la salida, reflexione sobre su contenido o que simplemente pase un buen rato.

El actor vive a través del texto, y el texto, que siempre es el mismo, vive gracias al actor y de tantas diferentes maneras como actores hay, cambiando en cada representación, ya que no hay dos actuaciones iguales ni dos días iguales ni dos actores que sean lo mismo.

Para un artista la libertad es tan indispensable como el talento o la inteligencia.
M. GORKI

El director

Es históricamente, después del iluminador eléctrico, el último en llegar a la compañía. Pero como dicen que los últimos son los primeros, desde finales del siglo XIX, el director se hace con la escena. En un principio, sus atribuciones son muy simples y sobre todo técnicas. Su función la había realizado hasta entonces el primer actor o el autor. Pero desde el momento que todo el aparato escénico desborda su atención, la complejidad del espectáculo requiere a alguien específicamente para coordinarlo.

El proceso que sigue para la puesta en escena tiene tres puntos importantes: la evidencia del sentido textual, la espacialización de la acción escénica y la dirección de los actores.

El director es como un cocinero, o como un pinche si no es muy bueno, porque al igual que él ejecuta un trabajo de síntesis entre diversos elementos. El chef mezcla la cantidad justa de ingredientes que acabarán formando un plato al calor del fuego y el director combina de manera coherente el texto, el espacio, la actuación, la iluminación, la música... Acabará también formando un todo que es la representación, el texto, el espectáculo. Un largo proceso para una hora y poco más de teatro.

 El arte es la expresión de los más profundos pensamientos de la manera más sencilla.
A. EINSTEIN

El dramaturgo

En el apartado *El trinomio director/dramaturgo/creación colectiva* ya hemos ahondado en la descripción del trabajo del dramaturgo, tanto si se trata del escritor que nos proporciona la obra ya terminada, como si, en el caso alemán, nos decantamos por alguien que nos ayude a «reinterpretar», actualizar, modernizar o adaptar a lo que nos interesa el texto que hemos encontrado. En todo caso, contemos con él, si lo creemos necesario.

 El ayudante de dirección es una persona con la que se puede pensar en voz alta.
NOSOTROS Y R. W. EMERSON

El ayudante de dirección

Es una pieza fundamental en todo el proceso, además de ser la persona a quien llama el director a las tres de la mañana cuando tiene dudas, está nervioso y no puede dormir. Es también esa sombra a su lado, con quien se comunica a susurros, mientras los otros se preguntan qué se estarán diciendo (atención, a veces, sólo están hablando de dónde irán a cenar) y el portador del botiquín con las aspirinas, el iboprufeno y las tiritas.

El ayudante de dirección se encarga de tomar notas, como el script cinematográfico, apuntando todos los cambios y fijando cualquier movimiento de los actores, para que al día siguiente cuando ese primer actor vuelva a entrar por la izquierda en vez de por la derecha, pueda avisar al director y éste apuntar al actor lo que hay que hacer.

Su misión es ser la memoria del espectáculo y controlar todo el proceso hasta el estreno, dejando al director tener la cabeza clara para dedicarse sólo a la creación del mismo. En los espectáculos de creación colectiva, hasta que se empezaron a grabar los ensayos, si sabía taquigrafía era mucho mejor, porque era el loco que intentaba apuntar todo lo que decían los actores para que quedara fijado para siempre.

Es también el elemento puente entre el director y los actores cuando hay problemas de comunicación. Esa mano amiga (nadie sabe de quien) que siempre está de acuerdo con los dos y pone paz en alguna de las batallas que forman parte de la guerra de montar un espectáculo.

En el momento en que entran los técnicos en acción, será el encargado de darles los pies de entrada a los cambios de luz, de sonido o de imágenes. Es el que aguanta la puesta a punto de todo el tema «técnico» en un momento en que estamos seguramente en el último tercio de ensayos (o mucho peor en algunos casos) y necesitamos un alma ordenada para transmitir una información muy puntillosa.

Él es quien tiene que mantener la calma y no dejarse llevar por los vaivenes de la aventura en la que están todos metidos (hasta el cuello).

 Si Botticelli viviera hoy trabajaría para Vogue.
P. USTINOV

El escenógrafo

La escenografía era para los griegos el arte de adornar el teatro y el decorado pictórico que resultaba de esa técnica. Muchos años después, en el Renacimiento, consiste en dibujar y pintar un telón de fondo en perspectiva y poco más, pero vamos avanzando.

Nosotros lo entendemos como la ciencia y el método del escenario y del espacio teatral. La palabra escenografía reemplazó a decorado al superar la idea de ornamentación y de envoltura y convertirse en una realidad 3D.

No debemos dejar que el proceso de creación de la escenografía se haga de manera independiente a todos los otros. El escenógrafo tiene que tener una relación estrecha y constante con el figurinista y con el iluminador. A veces, hasta son el mismo. Igual que, en su momento, el escenógrafo se comió al utillero, hoy en día se come al figurinista y quizá acabe devorando al iluminador. Pero intentemos impedirlo, cuantos más participemos mejor. No nos dejemos llevar por el imparable afán de recorte en los oficios del teatro que se está viviendo en los últimos tiempos.

 La elegancia es una faceta especial en la especie humana, como la verdad, la belleza y la justicia.
Ortega

El figurinista (el vestuario)

Y el teatro no es ajeno a todo esto. Hasta la mitad del siglo xviii, los actores se vestían de la manera más suntuosa posible, heredando vestidos de la Corte de su protector, en plan segunda mano de lujo, sin preocuparse del personaje que representaban, aunque hicieran de pobre en el *Don Juan* de Molière. Tenían que estar guapos, deslumbrar al público por su belleza y su porte. Era la mejor manera de hacer «espectáculo».

La concepción del vestuario ha cambiado mucho en los últimos tres siglos, pero tuvo que esperar hasta las revoluciones del siglo XX para aprender a situarse en relación con la puesta en escena. El vestuario es la segunda piel del actor, aquello con lo que muestra el personaje al público y algo con lo que definitivamente debe sentirse cómodo.

Al diseñador se le conoce como figurinista y su objetivo es diseñar el conjunto de trajes que se exhibirán en el espectáculo, tanto si han sido hechos exclusivamente para este montaje, como si los han reciclado de otros espectáculos o comprado directamente para la ocasión.

Y recordemos, capítulo a capítulo, que el figurinista también tendrá en cuenta el trabajo del iluminador. Y viceversa. Somos, ante todo, un equipo.

P.D. Vestuario es también la dependencia del corral de comedias donde los actores se preparaban para salir a escena. Los actuales camerinos.

 El más largo aprendizaje de todas las artes es aprender a ver.
JULES DE GONCOURT

El iluminador

En el teatro griego, un sólo iluminador trabajaba en todos los espectáculos. Y no era una gran estrella: era el sol. Después y antes, se han utilizado antorchas, hogueras, lámparas de aceite, velas, quinqués, aceite para las candilejas, la poco fiable luz de gas y algunos etcéteras hasta llegar al gran invento de la electricidad.

Desde la bombilla de Edison hasta nuestros modernos focos, se han llenado y vaciado muchos teatros. Incluso el cuadro de luces del mejor teatro de los años ochenta del siglo xx es una antigüedad comparado con el ordenador portátil de cualquier iluminador de hoy en día.

La iluminación «artificial» nació de un avance en la comodidad para ver un espectáculo. Para combatir las inclemencias del tiempo, en los siglos xvii y xviii se construyeron los primeros edificios techados destinados al teatro, pero eso impedía tener luz. Así que fue necesario, antes de cada representación, destinar varias horas a bajar todas las lámparas o soportes y encender una a una las velas. Y durante los entreactos, se cambiaban las velas consumidas por otras nuevas. En ese momento la iluminación servía tanto para la platea como para el escenario. Lo que era una ventaja, porque cuando el respetable se aburría con la representación, podía contemplar otro espectáculo: el de sus congéneres. Y así siguió hasta la llegada del cine, cuando los teatros empezaron a ver la función a oscuras.

Estas mejoras técnicas han servido para que las luces se conviertan en uno de los atractivos de cualquier espectáculo. Primero, porque nos permiten acotar el espacio escénico para disponer simultánea o secuencialmente de diferentes espacios y evitar así las pesadas entradas y salidas escenográficas. Y segundo, porque además de iluminar también permiten proyectar imágenes, fotos e incluso películas. Como ya se imaginó Piscator, son un gran ahorro en escenografía.

 Donde mueren las palabras, nace la música.
W. Shakespeare

El músico

La música y el teatro van de la mano desde el principio de los tiempos. Una y otro se han ido mezclando, contaminándose mutuamente, dando lugar a un sinfín de géneros diferentes. Han sido muchos esfuerzos por una y otra parte, buscando el espectáculo total, con la idea de aunar todas las artes.

Este apartado no puede tener el mismo contenido para uno que quiere hacer un musical, una ópera, un vodevil de Labiche o un *Hamlet*. No sería lo mismo si tenemos músicos en directo o bien los enlatamos. O si los actores tocan los instrumentos y cantan, o si los músicos actúan.

Pero tengamos siempre en cuenta la música, eso que da color, profundidad y sentido a muchos momentos de nuestra vida y, por lo tanto, de nuestras escenas.

La belleza del rostro es frágil, es una flor pasajera, pero la belleza del alma es firme y segura.
MOLIÈRE

El maquillador o la maquilladora

La función embellecedora del maquillaje, que, por definición debe ser invisible, no está ligada al teatro desde la antigüedad. Es verdad que los griegos se maquillaban, pero también debemos recordar que los actores llevaban máscaras y el maquillaje respondía al ritual de mezclar ceniza con la sangre de un animal para pintarse la cara. Es a partir del siglo XVI, cuando los actores y actrices recorren a él para hacer desaparecer ojeras, granos, mofletes, para agrandar los ojos y mejorar el color de la piel, etcétera.

El problema, como ocurre hoy en día, llega con el abuso de ellos; hay que tener en cuenta que tantos potingues pueden destrozar tu piel. O sea, que hay que ir con cuidado. Y eso que durante estos siglos, los materiales han mejorado enormemente. Por suerte, ya no se hacen con arsénico como entonces.

Lo más importante a tener en cuenta, es que el maquillaje guarda relación con la iluminación. El color de la piel es diferente dependiendo de la cantidad de vatios que lo bañe. Básicamente, cuanta más luz, más maquillaje.

Pero la única función del maquillaje no es ser el envoltorio naturalista que hace que nuestros personajes sean reales. El maquillaje puede utilizarse, como hizo Brecht, para potenciar el efecto distanciador, y ser sardónico o paródico, o como en el Kabuki o el Khatakali, podemos introducir colores simbólicos, que sirvan para explicar quien es quien en la obra. O, como en la Fura dels Baus, llevando el maquillaje, más allá de la cara al resto del cuerpo y convirtiendo al actor en decorado. Podemos buscar en el maquillaje una manera de expresar lo que queremos decir. En función de él, nuestros personajes pueden parecer mucho más violentos o duros (como la replicante de Blade Runner que lleva una gran raya negra bajo el ojo a la manera de los jugadores de rugby americanos, que, a su vez, se inspiran en los guerreros tribales), o más poéticos. Tenemos una paleta de colores a nuestro alcance y la oportunidad de probar muchas cosas.

Y como habéis podido deducir del título de esta sección, la mayoría de maquilladores son maquilladoras, así que casi al cien por cien, estad seguros que trabajaréis con una mujer.

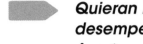 **Quieran los dioses que cada uno desempeñe el oficio que conoce.**
ARISTÓFANES

El equipo técnico

 La riqueza consiste mucho más en el disfrute que en la posesión.
ARISTÓTELES

El productor

Se llama igual a la persona que pone un dinero para producir un espectáculo (ese personaje genial que nos paga unos sueldos para hacer lo que más deseamos) que a la persona que se ocupa de los gastos y del dinero del montaje. Para montar un espectáculo no es siempre necesario tener un productor, pero si se puede, mucho mejor. Él será el encargado de administrar el poco o mucho (por qué no ser optimistas) dinero que tengamos, de hacer esa cosa tan molesta que es planificar qué gastos tendremos caiga quien caiga y cuáles podemos tener si las cosas se tuercen.

Unos presupuestos de escenografía y vestuarios bien hechos son de agradecer infinitamente. Construir según qué escenografía puede resultar caro. Pero también está bien calcular los gastos pequeños, como cuánto se puede gastar en material la maquilladora o cuánto nos costarán las aguas necesarias para cada ensayo (proponemos que cada uno apunte su nombre en un vaso de plástico, nos ahorraremos un montón de vasos y seremos más ecológicos). También tenemos que ser conscientes de que en el último momento tendremos que cambiar los zapatos de la primera actriz, porque le hacen daño o no le gustan, y por nada del mundo queremos que nuestra actriz salga descontenta al escenario, si queremos que el espectáculo triunfe (ni que se nos ponga en contra: conocimos a una actriz que destrozaba con tijeras el vestuario que no le gustaba si te resistías a cambiárselo, con lo que no conseguías ni recuperar el dinero de la tienda).

Controlar gastos: si no queremos tener un susto al final, debemos saber cuánto estamos gastando. No os hagáis ilusiones: es imposible que no gastemos nada.

El productor también se encarga a menudo de coordinar toda la parte de comunicación del espectáculo. En caso de que no haya ningún encargado de prensa, a él será a quien acudirán las radios (locales o no), las televisiones y la prensa. Debemos tener en cuenta que justo antes de estrenar es cuando el director y el resto del equipo están más ocupados, y no se le puede pedir a un director que hable con alguien de una radio, acabe de ajustar las luces, consuele a un actor inseguro y tenga más de cuatro horas para dormir, requisito necesario para que el montaje tire adelante. Así que nuestra cara visible será el productor.

 Dichoso es aquel que tiene una profesión que coincide con su afición.
BERNARD SHAW

El regidor

Es la persona encargada de que la representación llegue a buen puerto. Se integra en la parte final de los ensayos y poco a poco, va sustituyendo al director, como éste ha suplantado al autor. Durante las representaciones, será su reencarnación. Con la gran diferencia de que el regidor no viene a hacer una lectura nueva de la obra, sino a conseguir que lo fijado se mantenga una vez desparezca el director.

Por eso, el regidor se encargará de que toda la maquinaria esté perfectamente engrasada, preparada para entrar en el momento fijado y de que no haya ningún problema técnico. Controla diariamente todo lo que necesita la representación, se encargará de la limpieza del vestuario cuando sea necesario y de informar a quien haga falta (supongamos que tenemos hasta sastre) de que un vestido o alguna chaqueta se han roto. Después controlará que quede bien cosido y a punto para la representación. Revisará esa tabla que se mueve, ese sillón que no está bien fijado y casi ha provocado la caída del actor cuando entraba en el escenario. Y también cuidará a los actores, los empujará, si hace falta, hacia el escenario cuando se hayan olvidado de su entrada, pero también los consolará cuando su ánimo decaiga y los reprenderá cuando lleguen tarde a la actuación.

Es el reloj que marca el tiempo y el ritmo de la obra, su cuidador a lo largo de los meses. Muchos actores, cuando ya hace días que representan una obra, sobre todo si ésta es una comedia, ralentizan los tempos y van introduciendo pequeños gestos e incluso alguna frase que rompe el ritmo del espectáculo buscando alguna efecto dramático que quizá sólo su ego percibe, o simplemente relajando el trabajo.

Además de alguna temida y a la vez esperada visita del director, dispuesto a revisar cómo se mantiene su trabajo, el regidor se encargará de mantenerlo todo en orden, dentro de lo posible, porque cualquiera que haya visto la representación número uno de una comedia y vuelva a verla en la número cien habrá presenciado una mutación radical del espectáculo, animado por las risas incondicionales del público. O lo que es peor, cuando el resultado no haya salido bien, verá el esfuerzo absurdo de los actores por levantar unas frases que no hacen gracia, enfatizando su contenido, acentuando cualquier cosa que pudiera o pudiese, en condicional, arrancar una sonrisa del público. Cuando todos sabemos que no hay nada que haga reír más que un actor que dice una barbaridad sin que parezca que se da cuenta de que lo que ha dicho hace reír. A la inglesa.

 ¿Qué sería de la vida si no tuviéramos el valor de intentar algo?
VAN GOGH

El técnico de luz y sonido

El técnico de luz y sonido es aquel al que los actores saludan con el brazo cuando estamos aplaudiendo y nos obliga a girar la cabeza pensando: ¿y ahora quién acaba de entrar en la sala? ¿Su madre enferma? ¿El fundador del teatro? Pero no, es un chico o chica habitualmente vestido de negro que se encuentra en una cabina, por lo general al final de la platea, que se nos había pasado desapercibida, si está bien colocada.

Su función es entrar las músicas, las imágenes, los efectos de sonido y todos los cambios de luz durante la representación. Lleva el timón de la mesa de luces, un aparato que con los años se ha vuelto muy complejo, ya que muchos espectáculos incorporan imágenes a las escenas y los cambios de luz se han multiplicado por cien. Unos días antes del estreno, deberá incorporar a la memoria de la mesa de luces todos los cambios, con lo que en realidad, lo único que tiene que hacer es entrarlos a tiempo, justo cuando el actor le da el pie que le indica que una luz baja para que entre otra.

Muchas veces es el mismo teatro el que lo incorpora a nuestro equipo, ya que forma parte de su *staff*. Quieren que sus máquinas estén siempre en buenas manos para cuidarlas mejor y no es mala idea.

Debemos tener un técnico de luces siempre, aunque nuestras luces sean muy sencillas y no utilicemos imágenes. Si no el director o el regidor serán los encargados de hacer los cambios.

El mundo de la iluminación y los efectos especiales es un mundo tecnológicamente cambiante, que al mismo tiempo que se hace complejo en posibilidades, se simplifica técnicamente, ya que, por ejemplo, algunos Iphones y móviles de segunda generación pueden ayudar a «tirar» más fácilmente todos los cambios y su memoria es mayor que la de muchas mesas.

La tramoya

Aunque Aristófanes los hace aparecer en su comedia, un segundo después, los tramoyas, esos personajes eternamente vestidos de negro que a veces salen a saludar, desaparecen de escena y siguen trabajando en las sombras para que no se vean sus manos ni sus huellas, detrás de tanta magia e ilusión.

Pero llega Brecht y decide que el espectador tiene que pensar y no sólo sentir. Y los vuelve a sacar a escena. Se acabó trabajar entre cajas. La utilería y cualquier otro objeto más pesado que necesite el texto para su perfecto desarrollo podrá ser transportado a la vista del público. Con un par. Pero si no pesa mucho, que lo cargue uno solo. Lo esencial, si breve, dos veces bueno.

E incluso, una vez asumidos los cambios, se ha llegado a un punto en que los actores, sin que ni siquiera piensen en Brecht, entran y salen de escena acarreando aquello que necesitan o han utilizado a la vista del público, sin marcar la frontera entre la interpretación y el trabajo de porteadores. ¿Dónde están los directores cuando se les necesita?

O tempora o mores.

 Hay hombres que trabajan como si fueran a vivir eternamente.
Demócrito

Los eléctricos

Los eléctricos, como su nombre indica, se ocupan de mantener toda la parte «eléctrica» del espectáculo a punto. Además de hacer posible que el sistema de focos se adecue a la capacidad de la sala en cuanto a potencia, coordinan la iluminación, mantienen los focos (esos aparatos tan delicados que suelen fundirse cuando uno menos se lo espera, o sea, justo el día antes del estreno) y todos los efectos que tengamos dispuestos.

No es fácil hacer que la máquina de humo se ponga en marcha en el momento adecuado ni que la trampilla del escenario se abra siempre en cuanto el demonio quiere desaparecer (cuántos *Pastorets* hemos visto en que la trampilla se encallaba). Los eléctricos se encargaran de que esto sea posible y de que no haya problemas.

El constructor de la escenografía

Unos apuntes finales para indicar que el constructor de la escenografía debe ser alguien competente y sobre todo que entregue
su trabajo a tiempo. Todos sabemos que el oficio de carpintero,
misteriosamente y por encima de otros también lentos, como el
de fontanero o cualquier cosa que tengamos que tener en casa
durante meses, siempre ha tenido problemas con el calendario
de entrega. Si a eso le juntamos la palabra «teatro», el resultado puede ser un estreno desastroso sin la escenografía completa
o acabada de entregar. No queremos que nuestros actores salgan de escena manchados de pintura el día del estreno ni tan
sólo que tengan que «probar» por primera vez la escenografía el
día antes del gran día. O sea, que por encima de todo, prioriza-
remos la profesionalidad de la gente a quien encarguemos la
construcción de la escenografía. ¡Ah! Y un presupuesto bien ce-
rrado.

Sastrería

Este apartado, «sastrería», está en franca extinción. Pocos teatros utilizan ya un sastre para hacer el vestuario. La mayoría de
compañías o compran la ropa o la diseñan como pueden diri-
gidos por la persona encargada del vestuario. Ya no se cose, ni
arregla ni mantiene la ropa como se hacía antes. Pero sirva
ponerlo para reivindicar la gran cantidad de oficios en extinción alrededor del espectáculo teatral, que, muchas veces, hacían que los acabados de las obras que se representaban fueran
perfectos, sublimes, algo artesanal que vamos perdiendo con
el tiempo.

Para trabajar basta estar convencido de una cosa: que trabajar es menos aburrido que divertirse.
CHARLES BAUDELAIRE

COMIENZA EL ESPECTÁCULO

O mejor dicho, comienza el proceso de creación del espectáculo. Una vez tengamos claro a quién necesitamos y quién formará parte de nuestro equipo, nos podemos poner a trabajar ya. Bueno, eso no es verdad. Lo primero que tenemos que hacer es planificar, como debería recordarnos el productor. Hay que hacer un calendario.

 Nunca se puede predecir un acontecimiento físico con una precisión absoluta.
MAX PLANCK

Planificación: calendario

Como diría Perogrullo, el calendario variaría si para montar un espectáculo dispusiéramos de seis semanas, seis meses o cualquier otra unidad de tiempo. Y todavía puedo añadir que también sería diferente si ensayáramos un día a la semana o todos los laborables. Por término medio, los profesionales necesitan de cuatro a seis semanas para levantar un espectáculo, ensayando de lunes a viernes durante cinco sesiones diarias. Sólo por estas razones obvias, vamos a dejar los números a un lado y vamos a utilizar los quebrados.

Una cuarta parte del tiempo que dispongamos lo dedicaremos al trabajo de mesa. Todos sabemos que algunos actores pueden ser reacios a sentarse y hablar de los sentimientos o de las razones de sus personajes. No importa. El director tiene el deber de obligarlos y de hacerles ver que es por su bien y por el de todos. Porque si las cosas quedan claras en la mesa, «dentro de lo que cabe», algunos son reacios, se perderá menos tiempo durante los ensayos.

Dos cuartas partes del tiempo lo dedicaremos a ensayar. Seguiremos experimentando cuadro a cuadro, escena a escena, e iremos fijando lo que más nos guste. Al final llegaremos a verlo todo montado, de principio a fin.

La última cuarta parte la dedicaremos a los ensayos técnicos y generales. A saber: toda la obra con todos los elementos técnicos y artísticos. Ya no se para y sólo se pasan notas al final del pase. Buscamos el ritmo de la función, somos o debemos ser conscientes de la interpretación y de las transiciones. Es un tiempo para los actores, pero sobre todo para los técnicos y para el director. Es la primera vez que lo puedes ver todo tal como lo soñaste o vivir una pesadilla. Y debes tener muchísima paciencia, porque no hay nada que agote tanto como un foco que no se enciende, una mesa de luces que pierde la memoria, en plan jubilado, o un sofá que se encalla cada vez que entra al escenario. De golpe todo se ralentiza, sentimos que nos ahogamos, y la técnica, como cuando se estropea el ordenador, nos hunde en la miseria.

Y para acabar, unos cuantos ensayos generales, como mínimo, dos con público. Amigos o enemigos, pero en gran cantidad para que impongan. En todos los espectáculos, aunque especialmente en la comedia, el público modifica el ritmo con su presencia. Pero sólo con ellos se crea el espectáculo definitivo, el texto.

 Muchos creen que tener talento es una suerte, nadie que la suerte pueda ser cuestión de talento.
Anónimo

El proceso de creación

La elección de los actores

A la hora de escoger el actor que queremos para nuestro papel, suponiendo que hagamos un texto ya escrito, pensaremos primero, las características del personaje que representará y cómo lo vemos nosotros. Y después meditaremos bien «qué nos da» cada uno de los actores que podría participar en el montaje. No es lo mismo una Nora, de la *Casa de Muñecas* de Henrik Ibsen, decidida y fuerte, a otra frágil, pero fuerte y ambiciosa, aunque el personaje creado por el gran autor nos pueda dar todas estas versiones de sí misma. Cada persona nos transmite una serie de cosas y vibraciones que debemos tener en cuenta. Un mismo texto, representado por actores diferentes se convierte en dos textos distintos. Tengamos pues en cuenta no sólo la calidad de cada actor, que modularemos según nuestra capacidad de dirección, sino también sus «posibilidades personales» con el personaje.

En el caso de que trabajemos sobre improvisación o sobre un texto que nosotros vayamos modulando y haciendo crecer, deberemos lanzarnos al cien por cien sobre las posibilidades «personales» de cada actor. Aprovechar al máximo lo que nos transmite es una de las ventajas de trabajar sobre un espectáculo que vamos creando o transformando.

Y otra posibilidad es ya pensar en las personas primero y después crear los personajes a su medida y según sus posibilidades. Hay compañías que han apostado al cien por cien por los personajes-persona, como La Cubana, que en un inicio hacía castings con gente de la calle sin pedirles ninguna experiencia como actores. Es más, prefería que no fueran actores. Buscaba tipos auténticos, personas con capacidad de contar, siempre a través de una comicidad un poco subida y en un trabajo de arquetipos (el chico de barrio, la tía loca, la mujer cursi), poco naturalista. Pero de esto ya hablaremos cuando toquemos el tema de la interpretación y sus múltiples registros.

Finalmente hablemos de la posibilidad de trabajar con niños: no lo hagamos. Es una opinión, pero basada en la realidad: Es muy pesado para un niño mantener un horario nocturno cinco días a la semana, por mucha ilusión que le haga. Además, a menudo les cuesta fijar el texto y hacer siempre una interpretación igual. Cuando consiguen hacer siempre lo mismo, se aburren, y empiezan a parecer robots sin alma. (Evidentemente hay excepciones, pero eso es lo que son). Cualquier buen actor puede hacer de personajes de múltiples edades y es mucho más recomendable. Como decía Hitchcock: «Ni perros, ni niños, ni Charles Laughton». Podríamos citar el nombre de algún actor local, pero no lo vamos a hacer.

 Todos los trabajos parecen interesantes mientras no estemos obligados a hacerlos.
PUCK

El trabajo de mesa

En el caso de que tengamos un texto

Es el momento de empezar a trabajar, sentándonos alrededor de una mesa o donde nos venga bien. Para expresar lo que decimos, es necesario, en primer lugar, entenderlo. Nos ponemos cómodos. Hay que relajarse.

El siguiente paso es escuchar al director, que nos explicará todo lo que tiene que decir sobre el autor: la sociedad en la que vivió, o vive, qué intenciones tenía cuando la escribió, por qué la escribió, si se reflejan sus intenciones o se perdieron, a quién iba dirigida...

Ya lo sabemos todo sobre el autor, sobre la obra y sobre sus circunstancias. Vamos al siguiente paso: el director nos explica su visión, que tiene o no que ver con la del autor. Aquí viene cuando se levanta y dice: ahora, olvidaros de todo esto, vamos a montarla vestidos de romanos, con un asesinato. Vale.

Pero después le pedimos que nos explique: ¿por qué quiere montarla así? ¿Por qué ha hecho desaparecer unos personajes o no? ¿Por qué esto o aquello? Aquí el director tiene que impresionar, anonadar a todo el equipo con un montón de información sobre las razones por las que vamos a entusiasmarnos con lo que acaba siendo ese texto imprescindible. Es el momento en que el director hace su actuación memorable y encandila al respetable. Si no es así, es posible que los actores y actrices pierdan su confianza y que el montaje no llegue a buen puerto. No podemos jugárnosla con la inseguridad del actor. Es algo de lo que debemos huir, como de la peste.

Llega el momento de leerlo. Aunque ya sepas cual será el reparto definitivo, no lo comentes con el elenco hasta casi finalizar el trabajo de mesa. No saber qué harán les obligará a interesarse por todos los personajes (esperemos. A veces, lo único que conseguimos es que los actores sólo se ocupen de los personajes masculinos y las actrices de los femeninos). Así conseguiremos que se lean toda la obra y no sólo la parte que les toca.

Durante las lecturas, todos leerán todos los personajes, sin importar que coincida el género y el actor o actriz. Se trata de empaparse de la obra. Dado que conocemos la obsesión de los actores sólo por los personajes que hacen, hay que conseguir que antes se obsesionen con la obra, que la entiendan y la disfruten. No sería la primera vez que un actor o una actriz llegan al día del estreno sin saber de qué va el texto que están representando.

En el transcurso de las lecturas, que serán más de una, se hablará de todo lo concerniente al texto y si hace falta de cualquier otra cosa. Ahora es el momento de poner todos los temas y todas las dudas sobre la mesa. Los actores están obligados a preguntar por todo, para que más tarde, durante los ensayos, no se pierda el tiempo y para que empiecen a interiorizar las motivaciones de los personajes. Hay que tener en cuenta que para expresar lo que sentimos es necesario entender lo que decimos. Para muchos intérpretes, incluso para algunos directores, ésta es la parte menos espectacular del proceso, pero es imprescindible, a no ser que el único interés que nos mueva es que nos vean sobre un escenario mientras, muy contentos, les mostramos nuestro ombligo. El público, al que tanto le debemos, quizá no nos lo agradezca.

Durante el trabajo de mesa no hay que estar siempre sentado: Hay que poner en pie a los actores. Una vez hemos entendido los mecanismos de una escena, la desnudamos dejando al descubierto sus conflictos e improvisamos sin utilizar el texto. Empieza a pensar y a preguntarte cómo irían calzados los actores.

Evidentemente, el trabajo de mesa es muy diferente si lo que hacemos es un espectáculo basado en la improvisación o sobre un texto preexistente que no es teatral. Pero debemos igualmente sentarnos alrededor de algo y hablar y hablar, hasta que logremos enfocar hacia a alguna parte. No podemos sólo subir al escenario y esperar a que las musas vengan a inspirarnos *in situ*. Carguémonos un poco antes las pilas.

 El triunfo no está en vencer siempre, sino en no desanimarse nunca.
Napoleón

La preparación física

Los juegos

En inglés, en francés y alemán actuar es respectivamente *jouer*, *to play*, *spielr*; o sea, jugar. Los alemanes llaman a sus actores y actrices «jugadores del espectáculo». Y los franceses y los ingleses cuando suben a un escenario «juegan», y eso es lo que debemos conseguir con nuestros actores: que jueguen. En español actuamos y lo más parecido que decimos a jugar son tres galicismos: jugar un papel, el juego del actor y el juego escénico, que nos sugieren la posibilidad de divertirse. Y es que el juego y el teatro están básicamente unidos. Si consultas en el diccionario de la Real Academia de la Lengua, una de las acepciones de juego es: «Fiestas y espectáculos públicos que se usaban en lo antiguo». Y el Moliner añade: «Conjunto de acciones que con sujeción a ciertas reglas se realizan como diversión». Una definición que podríamos aplicar perfectamente al teatro.

Antes de empezar cada ensayo, sobre todo durante las primeras semanas y en momentos especialmente problemáticos,

trabajaremos la comunicación del grupo. En realidad os recomendaríamos hacerlo siempre, pero ya sabemos que habrá un
momento en que el tiempo se nos va a echar encima. Pero para
que la obra tenga vida, tenemos que conseguir que los personajes se comuniquen, se miren mientras hablan e interactúen, si
no el texto parecerá vacío y sin alma. Para ello hay que crear
también conciencia de grupo, relajar tensiones y buscar la inter-
conexión física, esa pequeña ligazón que mantendrá a la compañía unida y a los personajes de nuestro espectáculo vivos.

En este primer apartado sugeriremos juegos que seguramente muchos lectores ya conocerán, porque forman parte de nuestra infancia. Evidentemente los podemos cambiar por otros que
nos gusten más, siempre que mantengan la idea de la comunicación y el equipo en su esencia.

Uno de los primeros en valorar el juego infantil (juegos esta-
blecidos o codificados) como vivero de las reacciones más au-
ténticas fue Jacques Copeau, fundador del Théâtre du Vieux-
Colombier, después de ver a su amigo el músico y fundador del
Instituto de Gimnasia Rítmica Emile Delcroze. Ellos y otros muchos están convencidos de que el juego es la mejor manera para
que se expresen las actividades, sentimientos y emociones hu-
manas (las improvisaciones).

Normalmente a esto se le llama entrenamiento actoral
(fantástica profesión la del actor, que se «entrena» jugando) y
bajo este nombre se agrupan las diversas prácticas que los actores utilizan antes de empezar los ensayos y si puede ser cada
día.

El objetivo más inmediato de los ejercicios es cohesionar un
grupo de trabajo y despertar la escucha y la acción-reacción.
Escuchar, recibir, responder. El deber de todo actor que se pre-
cie.

He aquí algunas propuestas:

El juego de picar de manos. De actor a actor. Un actor pone las palmas de la mano para arriba y las extiende hacia el otro actor, que coloca las suyas encima. El que las tiene debajo ha de intentar «picar» las de encima sin que el otro las aparte. Creo que es uno de los juegos a los que más jugaba en el coche con mi hermano cuando era pequeño.

Tocarse los talones. De actor a actor. Dos actores se ponen de cuclillas uno delante del otro. Deben intentar tocar alguno de los talones de su compañero, sin que éste toque los suyos. He aquí un ejercicio para actores menores de cuarenta, si no están muy entrenados. Abstenerse operados de las rodillas y otras dolencias.

El juego del pañuelo. Para todo el elenco. Se crean dos grupos y se colocan a lado y lado de la sala de ensayos en fila. Cada grupo numera a sus miembros. A una distancia equidistante se sitúa el actor que más rabia nos dé (bueno, no hay para tanto) con un pañuelo colgando de la mano. El actor irá cantando números y los correspondientes de lado y lado deberán salir pitando a intentar coger el pañuelo. Un clásico *boy scout* que siempre te hace temblar las rodillas y rezar para que no digan tu número.

La gallina ciega. Para todo el elenco. Situamos a los actores en círculo, en medio, uno de ellos con los ojos tapados. Le hacemos dar un par de vueltas para que pierda la noción del espacio. Después deberá desplazarse buscando a sus compañeros y, en caso de que los coja, adivinar quienes son. La gallina ciega tiene todo tipo de modalidades, unas más sádicas que otras. Debemos escoger la que se adapte mejor a nuestro humor aquel día.

Tocar y parar. Para todo el elenco. Bueno, explicar el juego de tocar y parar es un poco obvio, así que no lo vamos a hacer. Por muy lejos que pueda llegar este libro, es imposible que el lector no lo reconozca por su nombre. No hace falta que la sala de ensayos sea muy grande, lo que interesa es preparar al actor para que cuando suba al escenario, tenga todos los sentidos abiertos. Si tiene que estar en tensión todo el tiempo porque el espacio es pequeño, mejor que mejor.

El de las sillas. Para todo el elenco. Se colocan dos ristras de sillas una mirando para cada lado, de manera que los respaldos se toquen. Los actores deben circular corriendo alrededor de ellas hasta que alguien diga «stop». Entonces cada uno buscará un sitio donde sentarse, pero siempre falta una silla. El que se queda sin sentarse, es eliminado. Un clásico de entre los clásicos de las fiestas de cumpleaños y de los que van a Sevilla.

Seguir al rey. Para todo el elenco. Uno de los actores es proclamado rey y los otros lo siguen, haciendo todo lo que él hace. El rey debe moverse por todo el espacio, cambiar inesperadamente de acción y conseguir en todo momento que los otros tengan que poner toda la atención en seguirle. No valen cambios lentos ni relajaciones. Continuamente cambiamos al actor «protagonista» porque las monarquías que se eternizan no son buenas, como bien sabemos.

Churro/Mediamanga/Mangotero. Para todo el elenco. Se dividen en dos grupos. El grupo que para se coloca en fila, el primero apoyado contra la pared y los otros agachados con la cabeza entre las piernas del otro jugador, formando una fila. Los del otro grupo deben saltar encima de la fila (y aguantarse). Cuando están todos encima (en el caso de que lo consigan, porque si el primer saltador es malo, la cosa será difícil), el primero colocará su brazo en el antebrazo contrario (churro), o en la mitad del brazo (mediamanga) o en su hombro (mangotero). Y entonces preguntará a los de debajo (que están sudando la gota gorda) «churro, mediamanga o mangotero». Si no lo adivinan, vuelven a quedarse debajo. Abstenerse compañías con miembros de cierta edad que no quieran quedarse en cuadro a poco de estrenar.

Evidentemente podemos hacer todos los juegos que se nos ocurran. Y si un día estamos cansados y queremos trabajar en un tono menos físico, podemos probar con éste:

Lo que salta a la vista y lo que imaginas. Por parejas. Uno de los actores dice: «Salta a la vista que tienes gafas». Y el otro contesta: «Me imagino que eres un intelectual que lees mucho y estás perdiendo la vista». Este juego nos aproxima al trabajo que haremos con el texto en un primer momento. Miraremos lo que nos dice e imaginaremos todo lo que nos sugiere el personaje, la reacción de éste, la de los demás e incluso el espacio donde se encuentran. Lo haremos rápido, con ritmo, para que la cabeza no se detenga mucho a pensar y los sentidos se pongan alerta.

Entrenamiento corporal

Otra parte de la preparación del actor se centra en el trabajo sobre la conciencia del propio cuerpo. El término expresión corporal pasó de moda hace ya mucho tiempo, hoy en día los actores preparan el cuerpo con las más variadas técnicas. El universo se ha hecho amplio y podemos escoger desde la más clásica técnica Alexander, al baile de salón o el tai-chi. Todos sirven para trabajar la parte física de la interpretación.

Así que aprovecharemos si en la compañía tenemos a alguien que practique tai-chi habitualmente o algún experto en chá chá chá, para dedicar algunas sesiones a sus prácticas. El hecho de utilizar a alguien de dentro para ello, además de ahorrarnos molestias y dinero, nos servirá también para cohesionar al grupo y quizá para descubrir alguna habilidad interesante de nuestros actores e introducirla en la obra. No está nada mal que un personaje, en un momento dado, nos baile un tango para expresar sus sentimientos.

Pero, clases de yoga, kárate o baile aparte, vamos a proponer también algunos ejercicios clásicos para trabajar la parte física del actor:

El actor y la pared. El actor confronta con su cuerpo una pared y se vincula corporalmente con ella de acuerdo con diversos conceptos de relación, dados desde el exterior. Los conceptos pueden ser: batalla, metamorfosis, amistad, deseo. El actor irá cambiándolos a medida que los propongamos.

El actor y el espacio. En el espacio de trabajo, el actor crea una atmósfera previamente solicitada, por ejemplo: opresiva, tramposa, marítima. Debe ser capaz de establecer un diálogo con el espacio. Este ejercicio nos permite trabajar las posibles ubicaciones de los actores durante el espectáculo, los desplazamientos y el ritmo. Sirve a la compañía para tomar conciencia del espacio por el que se mueve.

El actor y el objeto. El actor establece un diálogo-manipulación con un objeto cotidiano, por ejemplo, una cuchara, un cojín o una bolsa. Lo transforma en lo que quiera e interactúa con él. Muy recomendable para actores muy imaginativos, y los que no lo sean también, porque así aprenderán a serlo.

El actor y el objeto abstracto. El actor establece un diálogo-manipulación con un volumen abstracto. Una tela encima de una silla, por ejemplo, nos puede servir para crear ese «volumen» abstracto que necesitamos. Le otorga un valor metafórico (la felicidad, la rabia, el amor) y juega con él.

El actor y el ritmo. A partir de una secuencia de movimientos dada, el actor la repite, siguiendo diversos ritmos que se proponen desde el exterior. Más rápido, más lento, melancólico, alegre, tenso, espiritual, etc.

El actor y la música. A partir de una música, el actor extrae una emoción y la hace visible.

Evidentemente, sobre todo si nos hemos embarcado en un espectáculo de creación colectiva o simplemente de improvisación —sea colectiva o no—, cualquiera de estos ejercicios nos puede servir para incorporar a nuestra obra no sólo habilidades de los actores (por el caso citado del tango), sino también para buscar momentos interesantes, abrir situaciones encalladas o sugerir pasos nuevos en el espectáculo. No hay nada mejor para salir del paso que darse un paseo por alguna tangente.

Cuando una escena no sale de ninguna manera, porque el actor y la actriz no encuentran como levantarla, incorporar un ritmo, hacerles romper la emoción con una música o cortar el ensayo para realizar unos cuantos ejercicios que destensen la situación es una gran solución. Si la sesión de ensayos está siendo un desastre, vale la pena romperla y jugar un rato, o, si hace falta, enviar a todo el mundo a casa. No es necesario que perdamos el tiempo y la ilusión sólo porque no todos los días los resultados son maravillosos. A veces, una cerveza en un bar también es una solución para tirar adelante (sin abusar, por cierto, no por la cerveza, sino por la necesidad de aprovechar el tiempo).

Ejercicios con máscara

No, no queremos convertir tu compañía en una compañía de mimo ni en un espectáculo de *Commedia dell'arte*. En el trabajo con máscara, la expresión facial desaparece y el cuerpo se convierte en la herramienta de expresión y significación. Olvidarnos del rostro, nos permite sentirnos más libres y dar protagonismo al cuerpo y a todos sus movimientos. Así como está comprobado que los ciegos oyen mejor que los que ven, si no somos conscientes del rostro de los otros, nos comunicamos de otra manera con el mundo (seguramente más libremente, pero eso ya sería mucho deducir).

Durante los ejercicios, los actores deberán fijarse y analizar sus movimientos y los de los compañeros, y entenderlos como elementos expresivos y creadores de sentido.

Éstos son algunos de los ejercicios más habituales con máscara:

Escuchar el silencio. Con la máscara neutra, los actores respiran el silencio.

Cámara lenta. Los actores deben reaccionar a un estímulo externo, sea una palabra, una frase, una luz, que se lanza desde fuera del lugar de ensayo. La respuesta ha de ser a cámara lenta.

Sensorialización a través de un objeto. Los actores, con máscara, exploran la forma y la textura de un objeto y le infieren alguna cualidad sensorial: frío, caliente, bonito, feo, acogedor. Después deben expresar estas sensaciones utilizando sólo la expresividad del cuerpo. Cuando acabemos esta parte del ejercicio, podemos intentar hacer lo mismo sin máscara.

Exploración de las cualidades de los cuatro elementos. Los actores, con la máscara, sienten los cuatro elementos y todo lo que ellos les sugieren: aire, tierra, fuego y viento. Tienen que expresar las sensaciones utilizando sólo la expresividad del cuerpo. Después podemos intentar hacer lo mismo sin máscara.

Exploración de cualidades sobre determinadas ideas éticas y políticas. Vamos a rizar un poco el rizo. Los actores deben expresar estas cualidades con la máscara utilizando sólo el cuerpo. Después hacer lo mismo sin máscara; seguramente es igual de difícil, pero si tenemos un día bueno, pueden salir cosas muy interesantes.

Sobre el personaje. Este juego nos lo propone Meyerhold, que a su vez lo tomó del teatro clásico oriental. El actor, una vez más con la máscara puesta, nos informa sin decir una sola palabra de todo lo que sabe del personaje y lo que le pasa. Después intentamos lo mismo sin máscara.

Ejercicios sobre la confianza

Finalmente, ya sin máscaras, vamos a proponer algunos ejercicios sobre la confianza. Son ideales para cuando la tensión del grupo esté al máximo y nuestra particular batalla de reinas entre alguno de los actores esté en su apogeo. Buscamos que los actores se comuniquen de dos en dos y confíen uno en el otro. Y sí, seguramente algún lector los habrá realizado en alguna de esas convenciones que las grandes corporaciones gustan tanto de organizar y más de alguno habrá caído al suelo, dejado en manos de algún inepto que no está pensando nunca en los demás. Démonos un buen trompazo, si hace falta, por el bien del colectivo.

Confiar en el otro. Uno de los actores va con los ojos cerrados. Es conducido por otro, ya sea a través del levísimo contacto de los dedos o con instrucciones orales (sube, baja, derecha izquierda). Lo hace a través de un circuito más o menos complejo que va creando sobre la marcha.

Lanzarse a ciegas. Los dos actores se colocan uno delante del otro. Uno lleva los ojos tapados, el otro no. El ciego se ha de lanzar, sin titubear, en brazos del otro. Esperemos que tenga un buen final.

Crear un imaginario a ciegas. Los dos actores se sientan uno al lado del otro. Uno con los ojos tapados, el otro no. El que ve narra la visión de un paisaje o la acción de unos personajes, utilizando palabras que evoquen los elementos visuales que hay. Después, el que tiene los ojos cerrados, explica todo lo que su compañero le ha hecho ver a través de la palabra. Dos mundos y una sola explicación.

El juego del espejo. Un actor se sitúa delante del otro. Uno hace de espejo y reproduce todos los elementos y expresiones que hace su compañero. Después se intercambian los papeles.

La voz

Durante todos los ensayos tendremos en cuenta la preparación vocal. El trabajo sobre la voz y la dicción es fundamental, porque es la herramienta más importante de la actuación. Y la prueba es que aunque cada vez vemos más actores y actrices paralizados en el escenario, diciendo el texto como si su cuerpo se lo hubieran olvidado en el camerino, seguimos sin ver, fuera del mimo, actores y actrices mudos (y eso que muchas veces, nos gustaría).

Empecemos por el comienzo. ¿Cómo producimos la voz? La contracción de los pulmones, tal que un fuelle, produce una columna de aire que pasa por unos tubos llamados bronquios y tráquea, y hace vibrar las cuerdas vocales. Ese sonido se modifica en la faringe, la boca y las fosas nasales. El resultado final va desde los primeros balbuceos que emitimos cuando somos bebés, hasta, con algo de entrenamiento, la emisión perfecta para dos mil espectadores. Somos, pues, un fuelle físico que debemos cuidar para poder utilizar al máximo nuestra capacidad vocal.

Grotowski le da mucha importancia al dominio de la voz. Para el gran director de teatro polaco, la finalidad de todo entrenamiento no es sólo que la voz llegue al espectador, sino que éste se sienta rodeado, envuelto, en la voz del actor. Para él también es importante que el actor produzca sonidos y entonaciones que el espectador sea incapaz de imitar.

Volviendo a lo físico, para que la voz esté perfectamente entrenada tienen que darse dos condiciones: la amplificación del sonido por medio de los resonadores fisiológicos y la columna de aire, que tiene que salir con fuerza y sin ningún obstáculo. Para conseguirlo, la faringe tiene que estar abierta y las mandíbulas relajadas y suficientemente abiertas. Todo esto se logra sólo con una respiración correcta (a continuación explicaremos los tipos de respiración). Si sólo se respira con el pecho o con el abdomen, no se puede tener el suficiente aire y el actor se ve obligado a economizar, con lo que la laringe se cierra y distorsiona la voz. Es necesaria una respiración total.

Existen tres tipos de respiración. La respiración costal o pectoral o de la parte alta del tórax y la respiración abdominal, que algunos también llaman diafragmática, que se produce sin la intervención del pecho. Y finalmente, la llamada respiración total en la que intervienen las dos primeras, aunque la abdominal es dominante. Ésta es nuestro objetivo, la más adecuada para el actor.

Atención, esto es sólo una caja de deseos, un objetivo óptimo que a muchos actores les puede costar meses de conseguir. No nos pondremos totalmente estrictos sobre este tema, ya que la respiración puede variar en función de las condiciones fisiológicas de cada persona e incluso podemos decir que cada personaje respira de una manera distinta. Nuestro objetivo ideal sería que el actor pudiera manejar todas las respiraciones y escoger la que más se adecuara a cada momento. Pero esto, a veces, es pedir peras al olmo.

Pero ya que las acciones que tiene que realizar un actor exigen diferentes tipos de respiración, vamos a proponer una serie de ejercicios para conseguir dominar la respiración total. Intentaremos lograr el control de los órganos respiratorios.

Éstos son unos cuantos ejercicios para tomar conciencia del proceso respiratorio y su posterior control y uso:

Tumbarse en el suelo con la columna vertebral recta. El actor coloca una mano en el pecho y otra en el abdomen. Cuando inspiramos, debemos sentir que la mano del abdomen se levanta primero y luego la del pecho, con un movimiento suave y continuado. No tiene que haber tensión ni debemos diferenciar las dos fases.

Y ahora un ejercicio de yoga. El actor se tumba sobre su columna y a continuación se tapa una fosa nasal e inspira a través de la otra. La inspiración debe durar cuatro segundos, debemos mantener el aire y cambiar de ventana, durante doce segundos, y finalmente espiraremos durante ocho segundos más.

De pie, ponemos las manos en la parte de debajo de las costillas. El actor debe notar la inspiración donde tiene colocadas las manos y continuar por el tórax hasta notar que la columna de aire alcanza la cabeza. Primero se dilata el abdomen y la parte de debajo de las costillas y después el aire pasa al pecho. Contraemos la pared abdominal y las costillas permanecen expandidas; de esta manera, la pared abdominal tira de los músculos de las costillas inferiores. Permanecemos en esta posición durante la espiración tanto como podamos. La espiración va en sentido inverso, desde la cabeza al pecho, hasta llegar a las manos. No debemos forzar, todo tiene que ser suave y sin etapas.

Para una respiración rápida y silenciosa. Con las manos en las caderas aspiramos una gran cantidad de aire con rapidez y suavidad, notando el aire entre los labios y los dientes. Hacer una serie de respiraciones cortas y silenciosas aumentando la velocidad. Espirar suave y lentamente.

Y recordad, como decía Grotowski, que la respiración es un proceso orgánico y espontáneo y que jamás debemos exagerar durante los ejercicios respiratorios, ya que no se trata de un control estricto de los órganos respiratorios, sino de tomar conciencia y corregir errores. Hay que evitar desmayos por hiperoxigenación. La mejor respiración es la natural, la que tenemos cuando dormimos.

Ahora, una vez conseguido el dominio del aire, vamos a despejar el camino de salida. Para que la voz se proyecte en toda su potencia, no debe encontrar ningún obstáculo y éstos también se encuentran en la parte final del trayecto.

Ejercicio para abrir la laringe. El actor inclina el cuerpo un poco hacia delante, relaja completamente la mandíbula inferior y la hace descansar sobre el dedo pulgar de la mano derecha o la izquierda si eres zurdo. El índice lo situamos bajo el labio inferior. De esta manera sujetamos la mandíbula y no cae por la relajación. Nos concentramos y alzamos la mandíbula superior y las cejas, mientras se arruga el entrecejo de tal modo que notaréis el estiramiento en las sienes, como al bostezar. Los músculos en la parte superior y posterior de la cabeza y en la parte posterior del cuello, se contraen ligeramente. Entonces deja salir la voz. Verás como suena.

Ejercicios de sensibilización de diversos resonadores del aparato fonador y del cuerpo. Emitimos sonidos focalizando nuestra atención en la nariz, la boca, la oreja, el cráneo y la cavidad bucondental sucesivamente. Veremos como el sonido que surge va cambiando y como poco a poco se nos sensibilizan todas las posibilidades y somos conscientes de la gran variedad de sonidos que realmente podemos emitir.

Ejercicios de amplificación y proyección de voz, en el resonador labiodental. Hacemos vibrar el aire en la zona de los labios, produciendo un sonido parecido a *Brrr…*

Ejercicios de articulación de secuencias de sílabas hechas de fonemas labiodentales: mpptt pattattas…

Ejercicios sobre la expresividad de los fonemas y las palabras. Emitimos fonemas vocálicos dándoles previamente una emoción o sensación (gritar AAAah como si tuvieras miedo, ieoosssssss como si llamaras a un amigo por la calle, sssssssss como si tuvieras mucho miedo).

Ejercicios sobre la expresividad de las sílabas. Emitimos un sonido silábico dándole previamente una emoción o sensación.

Éste podía utilizarse como ejercicio de escucha o reacción para parejas.

Ejercicios sobre la expresividad onomatopéyica de las palabras. Escoger palabras, especialmente monosilábicas o, como máximo, de dos sílabas, y probar de articularlas de manera que la forma exprese el contenido (mama, padre).

Ejercicios sobre la expresividad rítmica de las palabras. Dos propuestas. Escoger un decasílabo, trabajado según las pautas de la métrica clásica y practicar su expresividad a partir de su acentuación y la medida vocálica.

Escoged una réplica de vuestro texto con diversas líneas de pensamiento. Decid la réplica caminando. Cada vez que hay un cambio de pensamiento, hay un cambio en la dirección del desplazamiento.

Y finalmente, lo dicho, no nos obcequemos con estos ejercicios que a veces provocan el bloqueo de muchos actores. Además, en algunas ocasiones, para entender si un actor lo está haciendo bien, hay que tener los conocimientos de un profesor de voz excepcional (es difícil saber dónde coloca exactamente la respiración el actor, si es labial, si es craneal). Los ejercicios nos pueden servir para abrir puertas, pero debemos impedir a toda costa que sirvan para cerrarlas.

 De derrota en derrota hasta la victoria final.
MAO TSE TUNG

Los ensayos (propiamente dichos)

Hagamos ahora un punto y aparte. Ya hemos trabajado la cohesión del grupo, la relación actor-actor (o actriz), hemos hablado de ejercicios físicos para la puesta a punto del cuerpo y sabemos que debemos considerar la voz y su proyección una de nuestras prioridades. Todos estos ejercicios los mantendremos en la memoria (o sobre papel) para practicarlos cuando nos interese.

Y ya que previamente hemos hecho trabajo de mesa con el texto o con nuestro proyecto de espectáculo a partir de improvisaciones o de una canción que nos ha robado el alma, podemos empezar a hablar de los ensayos propiamente dichos. Para ello, crearemos diferentes secciones según el tipo de espectáculo que estemos tratando de hacer. No serán iguales los ensayos sobre un obra ya preexistente que los que haremos sobre la improvisación o sobre una medio escrita. Debemos afrontarlos de maneras diferentes.

Los ensayos sobre un texto ya existente

Después de ese arduo trabajo de mesa, hemos desnudado el texto, hemos descubierto el significado de las palabras y lo que ocultan. Conocemos los mecanismos que hay detrás de cada escena, y actores y actrices tienen asignado el papel y se lo han estudiado, o al menos están en ello. Es hora de empezar a ensayar.

Durante los ensayos, el director no ha de evitar entrar en conflicto con los actores, ni siquiera rehuir el cuerpo a cuerpo. Sólo debe importarle la verdad y lo mejor para el espectáculo. Su posición es más sólida, porque sabe, o debería, cómo será el espectáculo. Tiene en su cabeza la globalidad y, por lo tanto, es más fuerte que el actor y puede convencerlo.

Parece que está quedando claro que el teatro no es una ciencia exacta, vamos, que ni siquiera es exacto. A medida que se suceden los ensayos, la actuación debería ir mejorando, al igual que el espectáculo. Pero no es así. Esto no són matemáticas, es teatro. Y lo que suele suceder es lo más parecido a ir en una montaña rusa: cuando parece que estás en lo más alto, caes en picado. Tú y tu desánimo. Y piensas que será imposible, pero más tarde vuelves a subir, aunque después vuelves a caer.

Cada actor y actriz es diferente, no todos van al mismo ritmo. Obvio. Algunos el primer día ya tienen claro su personaje, en cambio otros no lo ven hasta poco antes del estreno. Y algunos sólo cuando aparece el público (malditos, éstos nacieron para hacerte sufrir). Es el momento de recordar el gran consejo del punk gallego: «Ante todo, mucha calma». Intenta ser amable con todo el mundo y no tengas favoritos. Y piensa.

Aunque yo esté seguro de que tú tienes razón en tus críticas, haz un esfuerzo y vigila cómo las dices. Jamás acabes un ensayo diciéndoles que todo es un desastre. Aunque todo vaya muy mal y ya no sepas qué hacer. Recuérdales que ellos son los mejores actores y actrices (porque no tienes otros) y que al día siguiente, lo harán genial. Y lo más increíble es que muchas veces sucede así.

Pero también es cierto que hay actores y actrices que valoran más al director que grita y los insulta. Lo consideran más artista, más apasionado, lo encuentran muy romántico y muy bohemio o quizá piensen que «quien bien te quiere, te hará llorar», y eso hace que justifiquen el maltrato. Allá ellos y ellas.

Otra cosa que se me ocurre que hay que tener en cuenta es, por ejemplo, que la distancia física que mantenemos respecto a las otras personas es más corta en los países del sur que en los del norte. No vamos a entrar en el porqué. Además, los actores tienden a juntarse. Por esta razón, intenta que tus actores mantengan las distancias. Es posible que así consigas para la escena un poco de acción extra, al obligar al espectador a mover los ojos e incluso la cabeza tendrá sensación de movimiento, aunque en realidad no lo haya.

¿Por qué escena empezamos? Normalmente por la primera y seguimos en orden hasta el final. Arreglados, pero sencillos. Otros prefieren empezar con la escena clave, que recogiendo las anteriores precipita la cascada final. O sea, de la más importante a la menos. También hay los que se decantan por la escena que contenga el mayor número de actores, para tenerlos todos juntos el primer día. Éstos son del grupo también llamado «la hermandad».

«Ese día no puedo.» Pues empezaremos con otra escena. El grupo de la fuerza mayor. Y así *ad infinitum*. Cada director o directora, cuando empiece el plan de ensayos, lo debe decidir. Y está claro que debe ser un plan flexible.

No todas las escenas tienen la misma dificultad a la hora de montarse. Y lo que imaginas en casa sobre el papel, puede no acabar ajustándose a la realidad y convertir la más fácil en la más difícil.

Por mucho que, a escala, te hayas fabricado en casa, con las muñecas de tus hermanos pequeños y un poco de cartón, la escenografía del espectáculo y hayas movido a tus actores gibarizados por el escenario diciendo el texto, y estés encantado de lo que has logrado en un principio, deja que los actores busquen su sitio en el espacio por sí solos. Ya tendrás tiempo de hacer de marionetista. Ahora déjalos libres, intenta olvidar lo que has hecho en casa, y estate atento, porque es muy posible que te sorprendan.

Sugerir no es ordenar, sino más bien dar un montón de *inputs* para que el actor o actriz encuentre el mapa.

Durante los primeros días todo irá como la seda, porque vamos a suponer que has conseguido contagiarles tu fiebre por el espectáculo y les has dejado claro que cada uno de ellos en su individualidad individual era, es y será la única persona indicada para hacer ese papel.

La zapatería es un elemento fundamental desde el primer día de ensayos. Si actores y actrices utilizan zapatillas de deporte o cualquier otro tipo de calzado cómodo, hemos de suponer que no les será fácil llevar tacones. Este sencillo ejemplo, o cualquier otro de las miles de circunstancias que os podáis imaginar, os llevará a la conclusión de que lo mejor para el elenco será que calce desde el primer día como el personaje. Y no que los personajes calcen como los actores y actrices.

También es cierto que muchos directores prefieren ensayar descalzos. Consideran que es mejor ver cómo el actor y actriz apoya el pie desnudo, sin ninguna máscara, para ver su centro de gravedad. Tienes que vigilar a esos actores y actrices que cargan sobre el talón o sobre la punta, etc. Fíjate en los pies y en las manos de todos ellos, esas extremidades acostumbran a traicionar tanto a los actores buenos, como a los malos. Muy pocos saben mover las manos. De ahí que tantos de ellos se pasen la vida cargando todo tipo de objetos para tenerlas ocupadas.

Y ahora uno de esos consejos que ponen los pelos de punta a los autores: es posible que alguien se encalle en la misma palabra o en la misma frase durante los ensayos. No lo dudes un instante y pide al actor y a la actriz que la cambie por otra de su elección, con el mismo significado y en un instante acabaremos con el problema.

Durante los ensayos, también se pueden ir incorporando elementos del vestuario, pero no es tan importante, a no ser que sea alguna prenda que marque al personaje: una cotilla, una capa, un sombrero.

Al igual que en uno de los juegos «Esto es lo que hay, esto es lo que imagino», tenemos una gran cantidad de información sobre los personajes que nos proporcionan los diálogos, y otra cantidad tan importante que nos inventamos, para acercarnos al personaje, sobre el que acabamos proyectando nuestras neuras, nuestro mundo. Pero intentemos acercarnos a él y no que él se acerque a nosotros.

Tanto al principio como al final tienes que dejar que los ensayos fluyan. No puedes ir parando a cada momento. En un principio, algunos todavía irán con el texto en la mano e interrumpirán a menudo para echarle una ojeada. Tú intenta evitarlo, pero no te amargues. Lo que sí que puedes hacer es ir pensando una serie de premisas que sus personajes deben cumplir: Y como en lo espiritual ya lo tienen todo cubierto, ellos mismos son espiritistas en trance de reencarnación, vamos a recordarles la física, lo material.

Si no es un musical y el texto se dice y no se canta, cuidado con los dejes y las tonadillas.

Crea para sus personajes multitud de acciones físicas y de pequeños dolores. En esta escena te duele la cabeza, o tienes el estómago removido o te has dado un golpe en la rodilla. Te pican los ojos, oyes un pitido o estás enhebrando una aguja. O cortándote los pelos de la nariz y peinándote o arreglándote las uñas.

Debes preocuparte que controlen su cuerpo, su manera de caminar, la manera en que se plantan y se apoyan. Nuestro cuerpo está continuamente informándonos de cómo somos. Por esa razón, a la hora de crear el personaje, nuestra preocupación va más allá de lo que dice y de su relación con el entorno. No podemos contaminar al personaje haciéndole utilizar nuestra manera de caminar o nuestra manera de mover la cabeza. Entrar en la piel del personaje, taparse y todo eso debería ser con muy pocos préstamos del bagaje personal del actor.

Y eso que todos sabemos que lo mejor es que el personaje se adapte al actor. Es lo más fácil y lo que estamos acostumbrados a ver. Y el sistema actoral industrial lo ha dejado claro desde hace muchos años. Lo más rentable es que un actor o una actriz sólo haga un papel durante la mayor parte de su carrera: la aventurera, el romántico, la patriota, el buen hombre. Y como el *star system*, pequeño y grande, es un sistema de castas, el que hace de malo, siempre hace de malo y las películas de miedo siempre las hace Belén Rueda. Es verdad que al final de todas las carreras, los actores hacen un esfuerzo por representar un papel en las antípodas. El bueno hace de malo, el tonto hace de listo, pero solamente para asegurarse un poco de publicidad e intentar volver a lo de siempre.

Hemos hablado de diferentes escuelas teatrales: Stanislavski y seguidores, Grotowski y seguidores, y Meyerhold. A mí todos me parecen bien. Pero en tu espectáculo, nadie, y con nadie me refiero a los espectadores, debe ni siquiera notar que hay actores y actrices de diferentes escuelas. Tú debes encargarte de que todos ellos estén en un mismo código de actuación.

De todas maneras, si has planificado, te has preparado, eres positivo y muy persistente, conseguirás todo lo que quieras. Ya lo decía aquel grupo inglés de música del siglo pasado: «Si insistes, conseguirás lo que necesitas» (*If you try hard, you get what you need*).

Mantén al día tu cuaderno de dirección. Así, cuando acabes de montar el espectáculo, y vuelvas a repasarlo, serás consciente de la montaña rusa en la que te has subido. En el cuaderno apuntarás todo lo que has previsto para el montaje: entradas, salidas, movimientos actorales, posición de los focos. Para Brecht, éste era el auténtico texto.

También deberías saber que algunos actores se arrastran durante los ensayos, sin que haya manera de solucionarlo. Y cuando lo has dado por perdido y estás pensando cómo hacerlo desaparecer sin que la compañía se entere, se cuelan tres amigos y dos conocidos al ensayo, y el mismo actor detestable se transforma en un ser desconocido que hechiza a los que lo miran. Son ese tipo de actor o actriz que sólo aparece delante del público. No te desesperes, pero comprueba que es eso y no otra cosa.

Días antes de los ensayos generales hay actores que se ponen literalmente enfermos, aunque disimulen o no sean conscientes, los nervios les juegan una mala pasada. Vigila y masajea.

Reflexión: Si tienes un papel muy corto, tienes muy poco tiempo para hacerlo bien, todo lo contrario que si eres el protagonista. Por eso es mejor que los mejores elementos del elenco hagan los papeles secundarios, porque los protas los puede hacer cualquier novato.

Ten en cuenta que cada espectáculo, igual que necesita un escenografía, y todos los etcéteras, también necesita un público. Está claro que un musical, tanto por la espectacularidad, como por el coste, necesita un gran teatro con un gran aforo, de la misma manera que hay obras de cámara que necesitan un espacio más pequeño, y los espectadores más cerca, para conseguir un buen resultado. Grotowski decidía igual el número de actores y actrices que tenían sus obras, como el número idóneo de espectadores y su disposición en la sala, para que el espectáculo funcionara mejor.

Es una regla que en el amor y en el teatro, cuando la desconfianza entra por la puerta, el amor salta por la ventana.

Un consejo: que los actores no se escuchen a sí mismos ni se miren el ombligo. No les dejes ensayar por su cuenta y vigila: Hay actores y actrices que acaban convenciendo a su *partenaire* para que actúe de tal manera que él o ella puedan brillar más.

Impide que *morcilleen*, arte de introducir frases o comentarios que no están en el texto original o en lo que se ha pactado durante los ensayos.

Dedícate a mirar la pinacoteca y decide cuál es el pintor

que se adecua más a tu espectáculo. Normalmente los pintores se han pasado muchas horas para colocar uno o más personajes sobre el cuadro-escenario. Estudia las composiciones y si puedes, aplícalas a tu espectáculo.

Si vamos a trabajar a partir de una canción y hemos escogido, por ejemplo, Pedro Navaja, de Rubén Blades, donde tenemos una historia con planteamiento, nudo y desenlace, todo es mucho más fácil que si escogemos una de un grupo punk, como Siniestro Total, que dice: «Las tetas de mi novia tienen cáncer de mama y por eso no puedo tocarlas, en cambio las de tu novia no, y por eso voy a tocarlas». Lo que no quiere decir que sea imposible ni mucho menos; conocemos a un grupo que lo intentó una vez.

Cada propuesta tiene sus dificultades, pero en general, la manera de trabajar sería ésta: primero segmentad la historia que hayáis elegido, por capítulos, por personajes, por espacios o como os vaya mejor. Hay que adentrarse en el texto, desmenuzarlo, buscar todos los conflictos que aparecen y la forma de solucionarlos. Haremos el trabajo de mesa: pensaremos cómo son los personajes, qué nos gusta de ellos y qué no, qué es lo que más nos atrae de la historia, cómo podría ser si no fuera tal como nos la están planteando. Le daremos vueltas a la propuesta por el derecho y por el revés, hasta que la hagamos nuestra. Porque de eso se trata.

Queremos plantear lo mismo y utilizar el mismo mecanismo dramático, pero con nuestra propia voz y nuestra realidad. Con los diferentes fragmentos montaremos nuestra estructura y la mostraremos a los actores para que puedan improvisar sobre lo que hemos fijado previamente. Aquí tenéis los pasos y, a partir de aquí, llenadlos con vuestra realidad.

Se trata de que los actores hagan suyo cada fragmento y le pongan su manera de expresarse. Los diálogos creados a partir de una improvisación son, a menudo, más jugosos que los escritos previamente. Podemos trabajar más naturalmente la espontaneidad de la lengua y atrevernos con el argot si hace falta (y si lo dominamos bien, si no más vale no meterse en camisas de once varas). Buscando una manera de expresarse a través de la situación, conseguimos que los actores saquen lo mejor de sí mismos. Eso sí, como no hay pros sin contras, también corremos el peligro de que se alarguen las situaciones. Las tijeras son un gran apoyo a las improvisaciones. No nos tenemos que cortar a la hora de cortar, si no perderemos el ritmo. Pero así conseguiremos naturalidad y verdad, lo único importante en el teatro.

Trabajando con una base, sea la que sea, seguramente nos ahorraremos varias semanas de trabajo, respecto a si nos ponemos a trabajar improvisación a palo seco. Tener un texto al que agarrarse nos da un sentido y una dirección.

Vamos a ejemplificar un principio de trabajo para las tres posibilidades del título que da nombre a este capítulo: Pedro Navaja/ Makinavaja y el Informe sobre la fábrica de Navajas.

Buscando el argumento: de la letra de Pedro Navaja podemos deducir que el protagonista lleva una temporada con una mala racha. Sus negocios y robos no van bien. La prostituta también tiene una mala noche y muchas malas experiencias con sus clientes, lo que le lleva a cargar con una pistola. Seguramente han utilizado sus servicios y no le han pagado y puede que incluso le hayan pegado, etcétera, etcétera. Y tenemos claro el absurdo final: el no reconocer Pedro a la prostituta y confundirla con una víctima inocente. Es la más fácil. Tenemos una historia potente, con un final simbólico y un poco absurdo, lo que puede dar poeticidad a nuestro montaje. Ahora lo tenemos que llenar, dar vida a los personajes y buscar matices o decidir, por ejemplo, que es un musical de los bajos fondos o un drama *underground* de personajes potentes y duros. ¿Qué es lo que más nos gusta de Pedro Navaja?

El siguiente ejemplo era Makinavaja, un héroe del cómic. En este caso tenemos miles de páginas de historietas cortas para conocer a los personajes y decidir quiénes saldrán en nuestro espectáculo. Nos encontramos ante una estructura muy diferente de la de nuestro objetivo. Las historietas pueden durar de cinco a diez minutos como mucho. Y nosotros queremos montar, según la medida estándar, un espectáculo de noventa minutos. ¿Cogeremos más o menos diez historias y las pondremos una detrás de la otra? ¿Nos decidiremos por una o dos y las ampliaremos con nuestras *impros*? ¿O escogeremos los personajes que queramos, hacemos el casting y después que cada actor o actriz se empape de su personaje leyéndose las obras completas y una vez lo tengan claro empezamos a improvisar a partir de una estructura que nosotros creamos?

Quizá lo mejor sea optar por un espectáculo de escenas troceadas y entrelazadas, y encontrar nuestro ritmo e intensidad en esta mezcla. Tendremos que fijarnos en los espacios más recurrentes en las historietas: ese bar al que siempre va, o buscar una escenografía totalmente simbólica que nos permita cambiar de sitio continuamente. La gracia del teatro está en esto: que podemos hacer lo que queramos, siempre y cuando seamos coherentes con nuestros objetivos y el final tenga una verdad en sí mismo.

Por fin llegamos a enfrentarnos al reto aparentemente más surrealista: montar un espectáculo sobre el informe de la Fábrica de Navajas de Albacete, que nos comunica de dónde extrae la materia prima, quién las fabrica y en qué cantidad, cuál es su público potencial y qué uso les da, etcétera, etcétera ¿Y con todo esto qué haremos? ¿Un espectáculo sobre mineros o sobre obreros? ¿O la historia de un asesino en serie que mata con su navaja a todos los que han estado involucrados en su manufactura? ¿O la historia de una navaja: el camionero que tiene un accidente cuando las transportaba, el vendedor que es asaltado y se las roban, la mujer de un ladrón que harta de su vida, lo degolla mientras duerme? Etcétera.

El espectáculo está en vuestras manos.

Eso sí, un consejo práctico, cuando ensayéis, grabad cada sesión y revisad día a día con qué parte del material generado en el ensayo os queréis quedar. Habrá que tirar muchas cosas a la papelera, pero vale la pena hacerlo ordenadamente, así el espectáculo irá creciendo poco a poco, hasta su estructura final. (Sobre todo cuidad la estructura, si perdéis ritmo, perderéis la atención del espectador.)

El trabajo a partir de la improvisación

Hay dos maneras de llevar a cabo esta empresa: en la primera el director propone el tema y diferentes conflictos y los actores trabajan. El director se convierte en dramaturgo y decide qué queda fijado y qué no.

La otra posibilidad, en la conocida creación colectiva, todos los actores y actrices, y el director, deciden el motivo o motivos que utilizarán para crear el espectáculo. Ensayan y después revisan el material en el monitor para decidir qué es parte del espectáculo y qué no. Posiblemente es más lento, pero es más democrático y el resultado suele satisfacer más a la compañía. Es la manera más democrática de encarar el fenómeno teatral, sin una figura autoritaria; e incluso en los monólogos, el teatro es un acto colectivo. Todo el mundo, escenógrafos, actores, iluminadores... sirven al bien común sin perder su independencia. Y ya sabéis lo que gritaba Artaud: «Acabemos con las obras maestras».

Improvisar no es partir de la nada hacia los escenarios iluminados. Es partir de muy poco. Aunque nos reunamos en la sala de ensayos o en casa o en un bar y nos planteemos en voz alta de qué queremos hablar, y no lo tengamos claro, y uno sugiera esto, el otro aquello, vamos a insistir hasta encontrar las ideas: «la paz mundial» es demasiado abstracto. Y cuando por fin nos pongamos de acuerdo, habremos conseguido el primer elemento fundamental del hecho teatral: qué queremos contar. El siguiente paso será decidir, cómo: ¿lo queremos cantar? ¿Lo queremos contar utilizando sólo el cuerpo? ¿O quizá será teatro de texto con algunas canciones? ¿Canciones con un poco de texto? El escenario ofrece opciones infinitas, pero vamos a acotar un poco.

Supongamos que queremos hacer una obra de texto sobre un tema fácil: la pareja, por poner un ejemplo. Las relaciones de pareja han dado pie a infinitud de textos teatrales y lo seguirán dando. Es algo que nos importa, que da mucho de sí y que encima con el paso del tiempo va cambiando, según cambian las costumbres de nuestra sociedad. Con lo que, aunque Shakespeare sea un clásico y siempre esté incordiando, tenemos muchos autores que se han quedado anticuados y nos han dejado un trozo de pista para decir lo que queramos y que parezca novedoso.

Primero de todo, tendremos que tener en cuenta cuántos actores somos y qué edad tenemos. ¿Qué queremos hacer? Un solo texto que explique la historia de una pareja (a modo de *La extraña pareja*) o de varias parejas o un texto fragmentado que nos explique las relaciones de muchas parejas (*Te quiero, eres perfecto, ya te cambiaré* —un musical o una obra de texto con canciones para ser más exactos—). Evidentemente estas dos opciones pueden ser en realidad muchas más: un texto poético sobre la pareja, un monólogo, etc.

Supongamos que elegimos un texto sobre la historia de una pareja, en la que salen seis personajes (nuestra compañía). Pon-

gámonos aristotélicos y busquemos una estructura con planteamiento, nudo y desenlace, y si queremos rendirnos totalmente a
la improvisación, empecemos por el planteamiento. Primera escena. En el primer día de ensayos buscamos una situación inicial que nos guste, nos motive y que tenga conflicto: por ejemplo, Eduardo, un joven de veintitrés años le dice a Elisa, su
novia, que la quiere, y ella interpreta que quiere que los dos
vayan a vivir juntos. Eduardo no tiene ninguna intención de ir a
vivir con Elisa, pero no sabe cómo decírselo. Seamos claros: si
no tenemos problema, no tenemos historia. Este problema es
pequeño, pero puede dar lugar a una comedia, por ejemplo. O
a un drama: Eduardo pierde al amor de su vida por ser incapaz
de llegar a la madurez.

Pero ¿y si Eduardo vive con su madre y no se lo ha confesado
a Elisa porque le da vergüenza? Se nos abren más posibilidades,
pero atención porque estaríamos hablando de una pareja que no
sabe nada uno del otro (¿Elisa no sabe que Eduardo vive con su
madre?) o tenemos una situación especial del tipo: los dos se
ven en una ciudad que no es la suya de origen y donde trabajan,
o son los dos azafatos y se conocen de volar en aviones, o estaríamos yéndonos hacia una comedia muy estereotipada y dis-
tante, en la que pasamos por alto este tipo de conjeturas. Se
podría considerar una opinión, pero creo que la buena comedia
se asienta en la realidad con unas raíces profundas, para dispa-
rarse hacia la irrealidad a la velocidad de un cohete, si apetece.
Por eso me inclinaría porque si Elisa no sabe que Eduardo vive
con su madre, es que Eduardo tiene un grandísimo problema
con este tema y ha estado la mayor parte de la relación dedican-
do una gran energía a esconderlo.

Además de tener claro qué conflicto articula nuestra obra, o
sea, ¿cuál es el problema que resuelve nuestra historia al final?,
debemos plantearnos también como construimos las escenas.

¿Qué define una escena? Hay muchos tipos de escenas; en las más aburridas, los personajes se transmiten únicamente información unos a los otros, y no suelen tener mucho interés. Sólo, a veces, no se nos hacen molestas, porque aportan algo muy necesario a la historia que vamos a contar. Si no puedes hacer nada más, deja pasar alguna de estas escenas, pero en general procura evitarlas.

Las escenas con grandes conflictos son dinámicas jugosas y siempre nos apetece ensayarlas e inventarlas, pero seguramente no nos interesarán si antes no hemos tenido otras que «nos planteen» lo que va a suceder en nuestra gran escena. Si llegamos poco a poco a la hecatombe, la hecatombe será mucho más grande y potente. No nos importa que nuestra protagonista se vengue, si no conocemos bien las razones de su venganza. Nos da igual que éstos dos se separen, si no los hemos conocido bien, si no «estamos con ellos» sea cual sea el conflicto que tengan.

Después están todas las otras escenas, en las que deben «pasar cosas», pero no es necesario que se decida toda la historia. Son las que nos sirven para conocer a los personajes, para ver qué quieren unos de otros, para pensar qué queremos nosotros de ellos. En éstas, además de explicar nuestra historia general, debemos tener en cuenta los personajes y su situación en ese preciso momento. No se expresa igual una persona que está incómoda, que otra que está en el salón de su casa hablando con su madre, a la que quiere mucho. Y tampoco dirá lo que tenga que decir igual si en realidad no la quiere nada, o si le tiene envidia, o si le quiere pedir dinero, pero no se atreve.

Cuando sabemos mucho de nuestros personajes, aunque no tengamos clara la historia que estamos contando, porque nos hemos metido de lleno en el berenjenal de levantar un espectáculo a partir de la improvisación, podremos avanzar poco a poco levantando escenas a partir de sus reacciones ante cada situación. Pero siempre metiéndonos en su piel.

Y llegaremos al punto en que todo tendrá subtexto. ¿Y qué es el subtexto? Porque de este término se han hecho muchas utilizaciones, unas cuantas muy despectivas. Para nosotros, subtexto es todo aquello que decimos con el gesto, la expresión y la manera de plantear las cosas en una escena. Es todo lo que no decimos explícitamente, como la vida misma, podríamos afirmar. Cuanto más subtexto tengan nuestras escenas, más ricas serán, más fuerza tendrá la narración y más matiz nuestro espectáculo. Evidentemente, no todos los textos tienen igual de espacio para el subtexto, para todo lo que «no decimos», y muchas veces no tenemos necesidad de ello. Pero tengámoslo en cuenta.

Cuanto más trabajemos los personajes, la complejidad de las situaciones y los matices de nuestra historia, tendremos más subtexto, más riqueza y seguramente un espectáculo más lleno de vida.

Vamos a probar. Tenemos una situación inicial y queremos que nuestros actores la trabajen, pero sin limitarse a sí mismos. En el mundo hay una gran cantidad de Eduardos y Elisas. Conozcamos a unos cuantos, antes de decidirnos con cuál de ellos nos quedamos. Podemos, si no sirve, escogerlos y después hablar de ellos con la compañía. ¿Qué tipo de infancia tuvieron? ¿En qué barrio vivían? ¿Tienen buena relación con sus padres? ¿Serían capaces de robar en un supermercado? Los concretos nos sirven para dibujar el personaje, cuanto más lo conozcamos más rica, divertida y sorprendente será nuestra historia. Sabremos mejor cómo reaccionan ante cualquier cosa, qué tipo de comentario dirían en ese momento tan estremecedor o qué barbaridad serían capaces de soltar ante su madre muerta.

Cuando improvisamos a veces tendemos a encerrarnos en el tópico, en la reacción más inmediata, sin tener en cuenta la gran diversidad de posibilidades que vemos cada día a nuestro alrededor. Es decir, cuando dos pelean, no siempre gritan los dos. A veces, uno ríe y el otro habla muy serio. O uno grita y el otro susurra. O los dos gritan, pero a uno le coge un ataque de tos a la mitad. Intentémoslo, que para eso estamos aquí, encima de un escenario, tratando de crear nuestra historia entre todos.

Y ¿qué es una historia? Un relato que tiene personajes y avanza. Es fundamental que cada nueva escena, que en sí ya tiene un conflicto en su interior, aporte un nuevo paso a la historia que queremos explicar. Si no somos capaces de hacer evolucionar nuestro relato, el espectador se aburrirá. ¿Otra vez éstos dos peleando? ¿Y ahora de qué están hablando? Vamos a buscar la evolución de nuestra historia mediante improvisaciones y eso quiere decir que tiraremos mucho material a la basura. (O, si eso nos entristece, lo guardaremos en el cajón para una nueva obra.) Improvisar es rechazar, intentar, reintentar y volver a empezar.

Un trabajo duro, pero divertido y que requiere un guía, el director, o un debate en equipo, siempre y cuando el equipo sea capaz de llegar a conclusiones sin caer en las peleas o en la confusión. Una manera de evitarlas, es, simplemente, adoptar el principio democrático de la votación. Cuando no hay consenso, se vota y se acepta el resultado. Y punto. Lo aguantamos en nuestro país desde hace muchos años, lo podemos aguantar también en la creación de un espectáculo. Y si no, haber escogido mejor a los compañeros de trayecto.

El director o el equipo, en caso de que hayamos optado por una creación colectiva, revisará día a día todo el trabajo realizado y decidirá qué se utiliza y qué va destinado a la papelera. (O sea que vais a dormir poco, y trabajar mucho.) Y sí, habrá alguien grabando o apuntando todo lo que surge en escena durante los ensayos (si sabe taquigrafía mejor que mejor, porque se va a volver loco, seguro).

Poco a poco, el relato irá surgiendo, dibujándose, algo que nosotros habremos creado y que tendrá mucho que ver con la manera como vemos el mundo y lo que queremos explicar a nuestro público. Deberá tener un planteamiento, un nudo y un desenlace, que se corresponda con el planteamiento que hemos mostrado al principio.

Sí, parece una tontería, pero muchas obras no resuelven lo que plantean y se pierden hacia la mitad, estirando un hilo argumental que no debían. La coherencia es uno de los deberes del texto nacido de la improvisación, si lo que se pretende es crear un texto que sencillamente explique una historia de pareja.

Si lo que queremos es hacer un espectáculo mucho más fragmentado, no nos deberemos tanto a una coherencia argumental, pero sí a otras posibilidades de error. Por ejemplo, las caídas de ritmo en los textos fragmentados son muy frecuentes. El director y la compañía deben tener una idea global de lo que están haciendo e ir buscando el ritmo. Hay que tener en cuenta que los puntos medios del espectáculo son un gran peligro y buscar el ritmo global en la compaginación de fragmentos pequeños y otros más largos. No confundamos la velocidad con el tocino. La irregularidad es lo que nos dará la variedad necesaria para que nuestro «todo» tenga ritmo interno.

Y al final, hagamos lo que hagamos con nuestras improvisaciones o si hemos decidido hacer una historia, tendremos nuestro espectáculo, que seguro que será muy cercano a nuestra manera de ver el mundo.

El arte no es un espejo para reflejar el mundo, sino un martillo con el que golpearlo.
MAYAKOVSKI

Otros elementos que hay que tener en cuenta

Durante los ensayos deberemos, paralelamente, ocuparnos también de los otros cuatro elementos esenciales para el espectáculo: la iluminación, la escenografía, el vestuario y la música. Está bien tener una idea de cómo serán antes de empezar, sobre todo haber escogido qué iluminador (o cómo vamos a hacer nosotros la iluminación), qué figurinista, qué escenógrafo y qué músico queremos que participen en el proyecto, pero hay que dejar un espacio para acoplarlos a nuestra propuesta a medida que ésta va creciendo.

El tono de la obra es algo que intuimos, tenemos en la cabeza, nos ronda en sueños, pero también es algo que debemos crear a medida que avanzamos. Y con él va un estilo de escenografía, un tipo de música y de vestuario, además de otros elementos del espectáculo.

Debemos, también, dejar un espacio para el creador que hemos escogido para esta tarea. Su presencia en los ensayos le ayudará a hacerse una idea de cómo es nuestro espectáculo y a sugerirnos propuestas más interesantes. Cuanto más venga y participe mejor. Queremos que conozca bien el texto y se sienta muy cercano a nuestra propuesta. Implicarlo en el proceso es una de las mejores cosas que podemos hacer.

Su colaboración, opinión y propuestas nos interesan, pero siempre y cuando formen parte de un todo, de eso que hemos empezado a hacer crecer, para llegar a un destino final. O sea, id con cuidado con el figurinista que os hace una propuesta muy original, muy vistosa, pero que no se adapta para nada al contenido ni al tono de obra que estáis trabajando. No os tenéis que dejar impresionar por el impacto individual de una propuesta, es absolutamente necesario que ésta forme parte del todo.

La iluminación

A veces, se actúa por inercia. A nuestro parecer, la inercia es uno de los focos matacreación más habituales. A ello también se apunta la falta de eficacia de algunos constructores o gestores de teatros. Por ejemplo, como sabéis, por la relación entre la potencia del foco y la distancia desde donde proyecta su luz sobre el escenario, en los teatros convencionales los focos son de 1.000 w como mínimo. En cambio en los llamados teatros alternativos, cada vez más numerosos, la distancia se reduce en general a más de la mitad. Y en cambio los focos siguen teniendo la misma potencia. A medida que se han ido abriendo, al comprar el equipo técnico, los responsables de ello no se han puesto a pensar: «¿qué necesito?». Sino: «¿qué es lo más potente que hay? ¿Dónde han ido a parar los de 500 w?» Los actores no sudarían tanto y tendríamos dos puntos de luz donde ahora tenemos uno. Además, en teatros pequeños cualquier tipo de luz nos sirve. Incluso un montón de linternas fluorescentes o quinqués.

La luz es un elemento vivo. Podemos inventarla, reinventarla, modificarla y pensar en ella de una manera original. Al igual que la escenografía, o reemplazándola, no debe ser decorativa y tiene que construir atmósferas, dar ritmo, subrayar, crear primeros planos, controlar las transiciones... Puede jugar con el espacio y el tiempo e incluso crear sombras. Seamos creativos y probemos algo nuevo, con lo que tengamos y lo que podamos traer de casa, si se nos ocurre algo interesante. Todo esto y mucho más, pero claro, como siempre, sin olvidar que se ha de poner al servicio del actor y del espectáculo.

La escenografía

Busquemos un escenógrafo con quien nos entendamos bien. Queremos no sólo que comprenda la obra y que su propuesta se adapte en el tono y el ambiente con la nuestra, sino que su escritura tridimensional la ilumine.

Alejémonos de los pintores bidimensionales que decoran la escena siguiendo las anotaciones del autor (el teatro del Renacimiento queda muy lejos) y tengamos en cuenta no sólo el escenario, sino la sala entera. Tenemos un espacio con múltiples butacas que quizá se puedan cambiar de sitio. A lo mejor nos interesa un espacio a la italiana, pero ¿por qué no probar uno circular? ¿O uno lado a lado? Eso sí, si nos decidimos por alguna estructura un poco diferente, ensayaremos siempre con ella y teniendo en cuenta que los actores no den la espalda al público más de lo necesario, si no es que nos interesa por alguna razón dramática. No intentaremos hacer un espacio «no convencional» por «epatar» sino porque creemos que sirve a nuestro texto y a nuestra propuesta.

Involucremos más al espectador y no olvidemos las cosas básicas. No nos valdrá una escenografía espectacular y simbólica, si nuestra interpretación es realista y subida de tono. Podemos volver a los módulos, siempre y cuando sepamos por qué. No querremos ver una escenografía tradicional, con un texto fragmentado, que nos obligará continuamente a cambiarla. Los cambios en el espacio provocan lentitud en lo que está pasando y los temidos oscuros. No hay nada que rompa más el ritmo de un espectáculo que un oscuro total, además denota incapacidad del director para crear un todo en el texto. Y si se tienen que mover muebles, hay que hacer oscuros, por lo tanto, moveremos lo menos posible. Queremos conseguir fluidez, la sensación de que el espectáculo es algo global, no una narración capítulo a capítulo de una historia.

Sea como sea, hay que vigilar las fechas de entrega. Si la construcción es complicada, dale tiempo al constructor y no te arriesgues. Tienes que aclimatar al elenco, antes de los ensayos técnicos. El día del estreno, tienen que haber probado el espacio con los elementos que tocan. Y pídele al escenógrafo que te traiga el primer día toda la utilería necesaria para la buena marcha de los ensayos. Insiste. Si los actores tienen en sus manos los objetos reales, ensayarán con mucha más naturalidad y descubriremos rápidamente cosas que podrían resultar sorprendentes, como que hay unos vasos que se nos resbalan encima de la mesa o que el tapón de la botella es imposible de abrir mientras uno se declara al amor de su vida.

Haz que el elenco se sienta cómodo, comprueba que no resbale ni se pinche ni se dé de bruces siempre contra lo mismo. Si se golpea a menudo con algo, el actor dirá siempre en tensión la frase anterior al golpe, se lo dé o no, su cabeza estará en otra parte. La escenografía será su casa durante las representaciones y deben estar a gusto en ella.

Y recordad siempre que el espacio vacío, la caja negra, tiene su magia. Y si vais muy justos de presupuesto, con unas proyecciones detrás podéis recrear los viajes de Gulliver, si os apetece.

El vestuario

Es cierto que la noción de vestuario ha cambiado mucho en los últimos siglos, pero más en la calle que en el teatro, porque en este último se siguen repitiendo tics del pasado. Sí es verdad que los actores no llevan el vestuario cedido por sus protectores, pero siguen siendo capaces de pasar por encima de las necesidades del espectáculo para satisfacer su vanidad.

Los y las figurinistas se vuelven locos/locas cuando llegan los primeros actores y actrices a probar. Recuerdo que la trama de una historia necesitaba un vestido para resolverse, pero a la primera actriz no le gustaba e insistió e insistió en cambiárselo. Y lo logró. ¿Qué le importaba ella que el público jamás entendiera cómo descubrían el misterio?

El actor da la cara y eso siempre es fuente de inseguridad. Tiene que creer en lo que lleva, y si es posible estar cómodo. Si no deberemos utilizar nuestras máximas dotes de convicción, para que sufra en el escenario, pero siempre creyendo que está fantástico y que ese extraño traje de plástico verde es absolutamente imprescindible para que nuestro espectáculo triunfe. Si lo aplauden mucho al final o si cree en la obra, un actor es capaz de realizar los más increíbles sacrificios, y eso es de agradecer infinitamente.

También es posible que nos encontremos con un problema que no esperábamos: la falta de sastres o sastresas cualificados. La pérdida de los oficios relacionados con el teatro, marcada por el paso del tiempo y por la precariedad en los montajes, es algo palpable, aunque los directores de siempre sigan clamando por su conservación. Ésta es la razón por la que muchas compañías acaban comprando sus vestuarios en los grandes almacenes, y en el mejor de los casos, alguien lo arregla un poco. Si es así, tomároslo con mucha paciencia y con tiempo. Acompañad a los actores junto al responsable de vestuario, o sed muy conscientes que la ropa se puede cambiar y recambiar si hace falta. Y también de que todo es un conjunto; con tanta compra personalizada, a veces se pierde la idea de un todo, que tanto nos ha costado pensar. También hay quien lo alquila. No lo aconsejamos. Pero no es fácil encontrar lo que buscas, a no ser que vivas en una gran ciudad.

Lo más barato y a su vez lo más profesional es pedírselo al teatro municipal o de la Comunidad o de quien sea. Estos teatros suelen tener montañas de ropa ordenada o apilada en algún almacén, que no utilizan. Tendréis que rellenar alguna instancia y conseguir un seguro por si las moscas (son baratos), y al final una tintorería los volverá a dejar como antes.

También podéis seguir la tradición oriental y vestir los personajes de colores. Cada personaje el suyo, cada color un significado. O como los coros: pantalón negro, camisa blanca. O cualquier otra combinación simbólica que se os pueda ocurrir. Pero, volviendo a lo mismo, que tenga que ver con vuestra escenografía, con la iluminación y con el texto.

Lo que queráis, pero huid del ridículo intento de vestir a los personajes tal como iban en el siglo XVI o el que sea, excepto el actual y el pasado que son sencillos. A nadie le interesa. Y si por casualidad es así, que se vaya al museo de la indumentaria.

La música

Sea como sea, intenta que la banda sonora o los músicos no aparezcan a última hora. Los actores deben ensayar esa escena de espías o de amor, sabiendo que sus susurros deberán llegar al espectador por encima de la banda sonora. Eso quiere decir también que, en caso de hacer bolos, si tenemos muchos efectos sonoros y música, deberemos siempre probar la acústica. No tentemos nunca la suerte en este aspecto.

La música, además tiene otra dificultad, acaba marcando el ritmo de la escena. Los payasos acostumbran a ensayar sus números con una música que después no aparece jamás durante la representación, pero que marca el ritmo del número. En el teatro de texto pasa un poco lo mismo, además no es nunca lo mismo imaginársela que oírla en contexto. Es muy fácil que una música que nos haya parecido fantástica para una escena, nos parezca horrible cuando la probamos. O, no seamos exagerados, nos dé la sensación de que lo aplana todo, que todo queda demasiado explícito o que acelera un momento que debería ser más íntimo.

Pero recordemos siempre que la música bien colocada potencia las emociones, subraya los sentimientos y ayuda a soportar los larguísimos monólogos de la primera *vedette*, sea hombre o mujer. Y todo eso y muchas cosas más sin que apenas nos demos cuenta. La música, como la luz, tiene que disparar la imaginación del espectador, sin distraer su atención.

 Estate preparado para la batalla, si quieres conseguir la victoria.
Tomás de Kempis

Ensayos técnicos (el mal necesario)

Se supone que después de tres cuartas partes dedicadas a los ensayos, ya hemos apuntalado el espectáculo. Hemos trabajado por separado cada pieza del puzle y llega el momento de montarlo, de conseguir que todo encaje, ajustando todo lo que sea necesario. Tanto las cosas materiales, como las entelequias espirituales. El ritmo, la luz, el sonido, las proyecciones, etcétera... Ha llegado el momento de que todos los elementos se conjuguen para crear el espectáculo, el texto definitivo, entendiendo por texto todo lo que vemos y oímos en escena. Todo.

Todos presionan al escenógrafo y al figurinista, que, por fin, han acabado. Además has tenido algunas conversaciones con el músico, el iluminador y los otros técnicos que necesitas. Les has dejado muy claro lo que quieres, dónde y por qué. Ellos intentarán colarte sus grandes ideas. No te cierres en banda y escúchalos. Quizá han pensado algo que puedas utilizar. Pero sobre todo hazles ver que tus ideas no se te acaban de ocurrir allí mismo, sino que es un proceso de muchos días y muchas personas, vivas o muertas, y que lo que has pensado, si nadie demuestra lo contrario, es lo mejor para el espectáculo.

Es quizá uno de los momentos más odiados por parte del elenco y no sin buenas razones. Durante semanas han estado trabajando en su personaje y, cuando por fin creen que empiezan a reencarnarse, quieren que todo el tiempo disponible, y ya no queda mucho, se utilice para acabar de lograrlo. No es momento de perder el tiempo y un ensayo técnico lo es para ellos. Porque un ensayo técnico es un ensayo para los técnicos y no para los actores y actrices. Y además son muy pesados. Ajustan los focos, acaban de programar o reprogramar y coordinar todos los elementos técnicos. Los actores se aburren dando una y otra vez los pies para que entre la técnica, pero tú no te desesperes e intenta, sobre todo, no perder el sentido del humor. Si estás montando una comedia, es posible que en todo este jaleo aparezcan dos o tres gags que no tenías previstos. Estate atento. Todo el mundo necesita mucha paciencia y buena voluntad. Pero no dejes a los técnicos que se columpien. Y recuerda, volviendo a citar a Perogrullo, los ensayos técnicos sólo son esenciales si la técnica desempeña un papel importante en la obra. Si no, preocúpate de tus actores.

Otro problema que te encontrarás con actores y actrices es la posibilidad de que se descentren con el paso de la sala de ensayos al escenario. (Si ya has podido ensayar en el escenario donde después harás la representación, no sigas leyendo.) El espacio es diferente, más grande, y por tanto deberán adaptar su técnica vocal, lógico. Y además pueden ver al público sentado en las butacas y todas las variantes de un día de estreno. Y nada nos puede descolocar más que nuestra propia imaginación.

El hombre bien preparado para la
lucha, ya ha conseguido medio triunfo.
CERVANTES

Ensayo general (mejor en plural)

Si habéis sobrevivido a los ensayos técnicos, enhorabuena, ya ha pasado lo peor y ha llegado el momento de disfrutar. Para ti y para todos los demás: actores, técnicos, público.

Ahora ya podéis montar el espectáculo de principio a fin y los actores pueden buscar el ritmo de los personajes y sorprenderse con las nuevas sensaciones que ello les provoca. Ese teléfono que sigue sonando después de haber empezado a hablar. Esa música que les obliga a susurrar más alto. Esa oscuridad que nos dificulta las entradas y salidas de escena. Y todo lo demás que os encontraréis cuando la máquina se ponga en marcha.

Por eso, querido director, pon orden, consigue que todo funcione, calma todos los ataques de histeria, y disfruta de este momento. Los actores te adoran (casi todos), y confían en ti para que los lleves a buen puerto. Recuerda también que es tu última oportunidad. Porque ya hemos dicho que la esencia del teatro es un actor o una actriz, cada vez más literalmente, contando algo al público. Tú, director, has sido el público de tu elenco, pero ha llegado el momento del ensayo general, y, por definición, es un ensayo con público, y no se refiere a ti, sino al público profesional, a la gente que llena la platea. Y desde el momento que ellos son parte del espectáculo, los actores se olvidarán de ti y sólo se preocuparan por las indicaciones que lleguen del público, sea invitado o de pago.

De todas maneras, no seas rencoroso y quiérelos. Es una lástima que ya no seas el director, pero es que ya es imposible. A estas alturas todo el mundo debe saber lo que tiene que hacer. Y muchos lo están intentando. Tus funciones actuales son los de masajista y agenda. Acuérdate de... Se convierte en tu frase favorita. Pensamiento positivo e intenta no cambiar muchas cosas a última hora. Es igual si has tenido una epifanía. Todo el mundo está muy sensible y te odiará, y sólo conseguirás que las cosas empeoren. Fíjate muy bien con quién hacer de director a última hora.

Por último, intenta hacer unos cuantos ensayos generales sin público. A no ser que te hayas peleado con los actores y quieras hundir el espectáculo.

Y sobre todo, intenta que haya dos pases con público. El primero con público es el más importante, porque el público, si es una comedia, consigue con sus risas cambiar el ritmo del espectáculo. Y si es una tragedia, lo mismo con su respiración.

Intenta quedar con los actores después de los ensayos y continua haciendo tus dos funciones, pero fíjate bien en sus reacciones, porque incluso en medio de la euforia general por lo bien que ha salido todo, puede haber alguien que todavía tenga dudas o problemas. Y seguro que viendo a sus colegas tan felices, no se atreverá a decir nada. Y tú, aunque sólo seas masajista o agenda, aún eres el director y estás para arreglar cualquier problema.

 La victoria tiene muchas madres y la derrota es huérfana.
ARISTÓTELES

El estreno

Si habéis podido hacer unos cuantos ensayos técnicos y unos cuantos ensayos generales, el día del estreno estaréis medianamente tranquilos. Si no habéis podido y estáis montando a toda prisa, el día antes del estreno, rezadle al burro flautista. Pero recordad que, como cantan los de Queen, pase lo que pase, la función debe continuar.

Si es así, que unos personajes vayan con traje de época y otros no, que la escena se haya quedado a oscuras durante cinco minutos y sólo se haya podido oír a los actores, o que al final, el decorado se haya caído sin lamentar víctimas, no será ningún problema, porque el espectador es la primera vez que ve la función. Y para él, todo lo que ha visto, es parte de ella. En tres palabras: un gran espectáculo. Para vosotros, también será un espectáculo irrepetible, y todavía más si tenéis que hacer otra función.

 Los grandes espíritus siempre han encontrado una oposición violenta de las mentes mediocres.
ALBERT EINSTEIN

Y otra cosa: no se os ocurra preparar ahora el saludo. Utilizad los ensayos generales para ello. Nada aparatoso, algo sencillo, pero no dejéis que actores y actrices lo organicen. A última hora puede ser un motivo de conflicto que hay que evitar.

Debéis conseguir que entre el público haya un tanto por ciento importante de familiares y amigos (hay que jugar en terreno propio) y otro también muy significativo de gente de la profesión, ya que son ellos los que crean una buena parte de la opinión en torno al montaje. Esos misteriosos rumores que corren por la ciudad, o ahora por internet, anunciando que eso está bien, pero esto otro es imprescindible muchas veces provienen de actores, directores y... periodistas. Hay que intentar que los críticos vean nuestro trabajo, si vamos a hacer un montaje profesional. Sino que vengan los periodistas de cuantas más radios, televisiones y revistas o diarios locales (ellos se retroalimentan entre ellos mismos) y así conseguiremos mayor difusión. No olvidemos tampoco invitar a ese conocido que tiene la risa mejor del barrio (en el caso que hayamos hecho una comedia), ya que es bien sabido que la risa es contagiosa, y en el caso de que el espectáculo sea un drama, que alguien llore emocionado tampoco está nada mal (abuelas al ataque).

Pero si hacéis más de una función, no llevéis todos los amigos y familiares el primer día. Dejad unos cuantos para las siguientes representaciones.

Y sobre todo no te rías de las cosas raras que veas hacer al elenco para prepararse ante el gran acontecimiento. Cuentan algunas leyendas, que hay teatros donde habitan fantasmas. Y también es cierto que hay muchos fantasmas en el mundillo. Curiosamente muchos profesionales serios creen en fantasmadas y, cargados de fetiches, preparan mil rituales para alejar los males el día del estreno.

Hay muchas supersticiones en torno a los estrenos de teatro. Entre otras la de no mencionar la palabra *suerte*, por lo que es mucho mejor desear al actor, director o quien sea que se rompa una pierna. Así que si alguien te dice: «Rómpete una pierna» no protestes ni le desees que se rompa la crisma (los nervios son muy traidores), debes decir *thank you*, porque posiblemente todo lo anterior te lo habrán dicho en inglés por ser una tradición de origen anglosajón. No está clara su etimología y hay infinidad de posibles orígenes. Posibilidad uno: que venga de Grecia. Allí no aplaudían, les gustaba patear y quizá si les gustaba mucho el espectáculo y no paraban de patear, acababan, en su ardor, rompiéndose la pierna. O quizá venga de la época isabelina, donde tampoco aplaudían y sólo golpeaban el suelo con las sillas. Quizá en los éxitos, se rompían las patas. Y hay quien dice que viene de Alemania, porque durante la primera guerra mundial, los pilotos se deseaban suerte diciendo «Hals und Beinbruch» o sea «rómpete el cuello y la pierna».

También os desearéis unos a otros «mucha mierda». El origen de esta expresión está en que antiguamente el público acudía a los estrenos de teatro en carros conducidos por caballos. Cuanto más público, más caballos, cuantos más caballos, más... mierda. Esto es literal, sin traducción. Y si actúas en Italia, te dirán «in bocca a lupo» y tú tendrás que contestar «crepi il lupo», o sea, «en la boca del lobo» y «mata al lobo». Y si eres alemán, dirás aquello de «toi, toi, toi», la onomatopeya de escupir tres veces, que tanto se puede hacer sobre la cabeza o en el hombro de alguien; es un gesto para alejar al diablo o los malos espíritus y para protegerse de un hechizo o maleficio; a veces, se realiza mientras tocas madera. Y ya que estamos, en Australia utilizan «chookas». Según la tradición si no asistía mucha gente a la representación, el elenco comía pan, pero si la platea estaba llena, comerían «chook», que es como en el argot australiano llaman al pollo.

Otra de las supersticiones más arraigadas es la de no llevar nada amarillo. Algunos actores enloquecen aún si les pones un pantalón o una camisa amarillos. Claro que, por suerte, la mayoría pasa totalmente. Dice la leyenda que la superstición proviene de Molière, que murió en escena en el año 1670 interpretando al enfermo imaginario con una bata de color amarillo. Jean Baptiste Poquelin era un hiponcondríaco reconocido y el día del estreno le dio un fatídico ataque de tos y murió en escena, ya que padecía tuberculosis. Así que durante años y siglos, los actores se han negado a llevar cosas amarillas.

Los hay incluso que creen que hay obras malditas. Si caes en el error de ponerlas en pie, la desgracia caerá sobre tus espaldas. Shakespeare tiene algunas y *Macbeth* es la más conocida. Los supersticiosos ya ni mencionan el título. La llaman «la tragedia escocesa» y todo porque están convencidos de que las brujas del principio cantan maldiciones por doquier y que, por ello, el protagonista caerá y caerá. Y después de eso recuerdan al pobre Peter O'Toole, que montó un *Macbeth*, se arruinó y estuvo a punto de acabar con su carrera.

Hay quien recoge los clavos torcidos que se encuentra en el escenario y los guarda para atraer a la suerte.

También hay supersticiones que tienen su origen en alguna razón, por ejemplo, la de silbar en escena. Muchos dicen que trae mala suerte, pero es porque antiguamente, las lámparas de gas que iluminaban los teatros eran muy peligrosas. Las llamas habían lamido a tantos actores y actrices, y técnicos, que silbar iba asociado a una fuga de gas, algo que nadie quería oír.

¿Por qué hay tantas supersticiones en torno a un arte? Seguramente porque el éxito o no de una obra es algo que tiene que ver con su calidad, el planteamiento y su ejecución, y su momento en el tiempo —la gente quería una comedia, la gente tenía ganas de escuchar un buen drama— o la capacidad de sorpresa de su público, que algunas veces no son capaces de asumir según que cambios o innovaciones. Las primeras obras de Chéjov no tuvieron mucho éxito, por ejemplo, y sigue siendo uno de los mejores y más representados autores de todos los tiempos. Pero hay también un factor extraño, el de haber dado en la diana, que hace que un éxito sea rotundo. Y en esa diana confluyen todos los elementos que hemos citado anteriormente y alguno más que tiene que ver con el misterio, la superstición y el azar. A ese azar se dirigen todos los rituales y extrañas costumbres.

Puedes pasar totalmente de supersticiones, pero es recomendable que sigas la saludable costumbre de regalar un detalle a cada uno de los participantes en el espectáculo el día del estreno. Por un lado, te lo agradecerán (a quién no le gusta tener un recuerdo de aquel día) y además servirá para que conserves también la sana costumbre de no hacer nada el día del estreno, si es posible, si has hecho los deberes, y te dediques a pasear, comprar un par de cosas, escribir notas agradables, preocuparte de tu pelo o de la camisa que te vas a poner para salir a saludar. Hay que relajarse para llegar al teatro en plena forma y de buen humor para tranquilizar los manojos de nervios que te saldrán al paso. Masajes y mucha mierda.

Por cierto, ¿cómo se combaten todas estas supersticiones? Muy fácil, la razón y la lógica nos llevarán a poner hojas de ruda en los camerinos, junto a una imagen de Talía, y a tirar azúcar por los rincones del escenario y a las puertas de los camerinos, porque aunque vosotros creáis que nadie se puede tragar estas mentiras, debéis recordar que el mundo del teatro vive de la mentira.

ANEXOS

DRAMATIS PERSONAE

Imaginemos cuando por primera vez los griegos vieron a un personaje destacar entro los otros y hablar al coro, porque a Tepsis se le ocurrió hacerlo mientras pensaba una obra para entretener a los ciudadanos de Atenas. Debió de ser sorprendente y emocionante. Él fue unos de los autores, directores e incluso iluminadores que citamos a continuación, explicando un poco en qué creyeron o qué intuyeron para realizar cambios en el arte del teatro. No están todos, imposible, pero sí que son una muestra de unos cuantos que a través de técnicas físicas, otros aprovechando el auge de teorías provinentes de la psicología o los nuevos avances técnicos de otras artes, provocaron un cambio. Supieron, intuyeron y se atrevieron a dar un salto adelante el arte del teatro, porque eran hijos de su tiempo y miraron alrededor, captaron todo lo que estaba pasando y realizaron su propuesta. Algunos empezaron fracasando estrepitosamente, pero insistieron, construyeron algo nuevo y hicieron que después de ellos, nada fuera lo mismo.

Alexander, F. Mathias (1869-1955). Es el creador de la llamada Técnica Alexander. Concebida inicialmente como un entrenamiento vocal para cantantes y actores. Mientras la estaba desarrollando, se dio cuenta de que la base para todo el éxito de una educación vocal era un funcionamiento eficiente y natural del mecanismo respiratorio y que éste forma parte de cómo el cuerpo funciona de manera integral. Básicamente, Alexander comprendió que la mente y el cuerpo funcionan como una entidad unificada. Observó igualmente que los hábitos excesivos de tensión y una coordinación ineficiente afectan a cómo nos sentimos y pensamos. A partir de aquí, elaboró una técnica que se ocupa de una coordinación psicofísica de toda la persona, o lo que él llamó más concisamente «el uso del cuerpo».

Appia, Adolphe (Ginebra, 1862-1928). Escenógrafo suizo. Se opuso a los decorados históricos realistas y creó escenografías casi abstractas, basándose en el movimiento y el ritmo y ayudado por la luz y el color. Buscó la conciliación entre el espacio y el tiempo, y propuso una puesta en escena tridimensional. Le dio valor a la sombra, tan necesaria como la luz, en sus propuestas, creando una nueva perspectiva en la concepción de la escena y la iluminación. Sus escenas de *Tristán e Isolda* y de *El anillo del Nibelungo* de Wagner, a quien tanto admiraba, han influido en las generaciones futuras. Dejó varios libros teóricos, entre ellos *L'oeuvre d'art vivant (1921)*.

Aristófanes (Atenas, 450-385 a. C.). Comediógrafo griego. Se sabe muy poco de su vida. Participó en las luchas políticas atenienses a favor del partido aristocrático y utilizó el teatro como campo de batalla. Dirigió su gran poder de sátira contra los renovadores del pensamiento como Sócrates y contra los innovadores de la tradición teatral como Eurípides. Sólo conservamos once de las cuarenta y cuatro comedias que sabemos que escribió, entre ellas *Lisístrata*, una de las más representadas en la actualidad.

Aristóteles (Estagira, Macedonia, 384 a.C.- 322 a.C.). Filósofo y científico, es uno de los espíritus más potentes e influyentes de la historia. A los diecisiete años muere su padre y su tutor lo envía a Atenas a estudiar en la academia de Platón, donde pasa veinte años. Es el padre y la madre del cordero de todo el teatro occidental, el primero que en su poética, divide la fábula en principio, medio y final, y además añade que hay tres fases indispensables: la prótasis, que sería el planteamiento, la epítesis, el apretón del nudo, y la catástrofe, que es el desenlace y vuelta a la normalidad.

Asegura que sin acción no puede haber tragedia, pero sí sin personajes, ya que aunque el teatro es en lo básico un arte visual, a Aristóteles no le gusta el espectáculo, cree que lo visual es accesorio y que lo único importante es el texto, ya sea mimético (explicado a través de la interpretación de los actores) o diegético (a través de un narrador). Pretende que el espectador se identifique con lo que ocurre en el escenario, para provocar el efecto de catarsis, que significa limpieza o purga en griego y es el objetivo de la tragedia y su consecuencia.

Brecht lo critica por preocuparse de las emociones y no de la inteligencia del espectador. Decide que su teatro épico está en las antípodas del teatro aristotélico. A partir de Bertolt se conoce como teatro aristotélico aquellas dramaturgias basadas en la ilusión y la identificación.

Pero Brecht se equivocaba, porque la identificación no es lo más remarcable de Aristóteles. El autor alemán no conoció o pareció olvidar sus ideas sobre las tres unidades, en especial la coherencia y la acción, y que sus obras se construyen alrededor de un conflicto que se ha de solucionar. Por último recordar que hay grupos que han trabajado con dramaturgias herederas del efecto catártico, como La Fura dels Baus, sin ser especialmente aristotélicos.

Artaud, Antonin (Marsella, 1896-Irvy-sur-Seine, 1948). Teórico del teatro y actor francés. Es conocido como el creador del *Teatro de la Crueldad.* Artaud creía que el teatro debería afectar a la audiencia tanto como fuera posible, por lo que utilizaba una mezcla de formas de luz, sonido y ejecución extrañas y perturbadoras. En una producción que hizo acerca de la plaga, utilizó sonidos tan reales que provocó que algunos miembros de la audiencia vomitarán en la mitad del espectáculo. Era un gran admirador del teatro oriental, especialmente del balinés. Para conocer mejor sus teorías: *El teatro y su doble* (1938) y *Manifiesto del Teatro de la Crueldad* (1948).

Barba, Eugenio (Brindisi, 1936). Director de teatro italiano. Es el creador, junto con Nicole Savarese y Ferdinando Taviani, del concepto de antropología teatral. En su juventud se trasladó a Polonia para participar en el Laboratorio de Opole, y se convirtió en el principal colaborador de Grotowski. En 1964 fundó el Odín Teatret, en Oslo, compañía en la que reunió actores de diferentes países y que se instaló en Dinamarca al cabo de pocos años. A partir de sus conocimientos sobre el teatro oriental, el aprendizaje con Grotowski y sus reflexiones creó un corpus de entrenamiento actoral, en el que el actor utiliza tanto su cuerpo como su mente para poder interpretar su personaje y trabaja sobre la energía y el dominio del centro, considerando el actor-bailarín y dándole importancia al cuerpo y la acción postural. Es también fundador del International School of Theatre Anthropology, con sede itinerante en diferentes países. Sus escritos teóricos, de gran influencia, han sido recogidos en *The Floating Islands* (1979), entre otros libros.

Barthes, Roland (Cherbourg, 1915-París, 1980). Escritor, semiólogo, filósofo y ensayista. Su relación con el arte escénico empieza en su época universitaria donde funda el Grupo de Teatro Antiguo. Sigue con el ensayo *La historia de los espectáculos* en 1965 y otros artículos y acaba con los *Escritos sobre teatro,* que aparecen en sus obras completas, publicadas trece años después de su muerte. Barthes dice que el espectáculo es la categoría universal bajo cuyas especies es visto el mundo. ¿Qué es el teatro? «Una especie de máquina cibernética apagada está escondida tras el telón, pero a la que lo levantamos, la maquinaria empieza a enviarnos mensajes que tienen la particularidad de ser simultáneos y sin embargo, de signo diferente. En cualquier momento, podemos recibir seis o siete informaciones, desde la posición de los actores, el vestuario, las luces, el decorado, sus gestos, sus palabras. Y algunos de éstos se mantienen quietos, como el decorado, mientras otros se mueven: palabras, gestos. Así pues, nos hayamos frente a una polifonía de informaciones de modo que la teatralidad es una espesura de signos» dice sin cortarse un pelo. Para él la teatralidad es el teatro menos el texto. Y lo que más nos gusta de sus teorías, es la que expone en su artículo *De la obra al texto,* donde dice que las obras son sistemas estancos y físicos y que el texto es un concepto dialéctico y semiótico. O sea, que las obras ya no tienen sólo el sentido que su autor les diera, sino que es otro de los materiales que el dramaturgo utiliza para darle un nuevo sentido, a la vez que en cada montaje y con cada uno de los diferentes actores y actrices que lo interpreta, se crean nuevas lecturas con la ayuda del espectador, y entre todos crean el texto final.

Beckett, Samuel (Dublín, 1906-París, 1989). Novelista y dramaturgo irlandés, premio Nobel de literatura en 1969 «Por su escritura, que, renovando las formas de la novela y el drama, adquiere su grandeza a partir de la indigencia moral del hombre moderno». La obra de Beckett, que en su juventud fue dis-

cípulo de James Joyce, se caracteriza por su intento de desnu-
dar los elementos formales y de la narración y por una voluntad
de penetración en la circunstancia elemental del hombre. Su
teatro, encuadrado dentro del llamado Teatro del Absurdo y
próximo al existencialismo, trata, en términos generales, de la
oposición entre una gran desesperanza y la voluntad de vivir
pese a esa carga, en el contexto de un mundo incomprendido e
incomprensible. Los personajes de sus obras son indigentes,
personajes desorientados, desubicados y sin esperanza, situa-
dos en espacios o bien abiertos e indefinidos (*Esperando a Godot*,
Los días felices) o cerrados y claustrofóbicos (*Final de partida*, *La
última cinta*). Según su traductora, Antonia Rodríguez-Gago,
«Beckett destruyó muchas de las convenciones en las que se
sustentan la narrativa y el teatro contemporáneo; se dedicó, entre otras cosas, a desprestigiar la palabra como medio de expresión artística y creó una poética de imágenes, tanto escénica
como narrativa».

Brecht, Bertolt (Augsburg, Suabia, 1898-Berlín, 1956). Dramaturgo y poeta alemán. Opuso al teatro burgués, que sólo perse-
guía la distracción del público, su idea de un Teatro del Distan-
ciamiento, fuertemente ligada a su compromiso político. A
través de la parábola y de una interpretación y «distanciada» de
los actores de la obra, intentaba desvelar la capacidad razonado-
ra del público. Algunas de sus obras más conocidas son: *La Ópera de los tres centavos* (1931), *Ascenso y caída de la ciudad de Ma-
hagonny* (1930) y *Madre Coraje y sus hijos* (1949).

Brook, Peter (Londres, 1925). Director de Teatro y de cine inglés. En 1970 dio un giro radical a su carrera, dejando el cargo
de director de la Royal Shakespeare Company para irse a vivir a
París y fundar su propia compañía de investigación teatral con

actores de todo el mundo, lo que le permitía «descubrir de un modo enteramente novedoso la fuerza de las diferencias entre la gente y lo saludable que dichas diferencias son». Él mismo afirma que lo que busca en sus ensayos es «crear un cierto clima de trabajo basado en el placer de la búsqueda, del descubrimiento. Un ensayo es una prueba. Probamos. Al acabar el día, vemos lo que hemos hecho. Y al día siguiente nos decimos: eso estaba bien para ayer, hoy vamos a buscar en otra dirección. Y lo cambiamos todo, todo el tiempo. Poco a poco, el juego se decanta. Y lo que no nos sirve queda atrás». Hombre vital y carismático afirma también que «el teatro no es intelectual. Es un fugitivo destello de vida, que nos recuerda que en el mundo nada es lineal, ni permanente, ni simple». Ha dejado escritas sus reflexiones en el libro *El espacio vacío*, texto que ha influido en generaciones de directores, actores y autores teatrales.

Chéjov, Anton (1860-1904). Médico, escritor y dramaturgo ruso. Utilizando temas de la vida cotidiana, Chéjov retrató el *pathos* de la vida rusa anterior a la revolución de 1905: las vidas inútiles, tediosas, y solitarias de personas incapaces de comunicarse entre ellas y sin posibilidad de cambiar una sociedad que sabían que era inherentemente errónea. Dentro del teatro ruso, a Chéjov se le considera un representante fundamental del naturalismo moderno. Desarrolló una nueva técnica dramática, que él llamó de «Acción indirecta». Para ello diseccionaba los detalles de la caracterización e interacción entre los personajes más que el argumento o la acción directa. En sus obras muchos acontecimientos dramáticos impotentes tienen lugar fuera de la escena y lo que se deja sin decir muchas veces es más importante que las ideas y sentimientos expresados. Gracias a su asociación con el actor y productor Konstantín Stanislavski, director del Teatro de Arte, de Moscú, pudo revolucionar el teatro de su tiempo con obras como *El Tío Vania (1897)*, *Las Tres Hermanas (1901)* y *El jardín de los cerezos (1904)*.

Copeau, Jacques (París, 1879-1949). Actor, productor, teórico, crítico de teatro francés y fundador del Théâtre du Vieux-Colombier. En el Théâtre du Vieux-Colombier, donde se prestigiaba mucho el texto teatral, se eliminaron prácticamente las barreras entre los actores y el público, y en la escenografía tomaron importancia los efectos luminosos. Copeau entendía por puesta en escena el dibujo de una acción dramática: «el conjunto de movimientos, gestos y actitudes, el acuerdo de fisonomías, de voces y silencios, es la totalidad del espectáculo escénico emanado de un pensamiento único que lo concibe, regula y armoniza».creía que la sinceridad del actor está ligada a su calma, el poder de dominación que le permite ser poseído por lo que dice y dirigido por esa misma expresión. «Esta pureza es la integridad del artista, que le hace tener calma, naturalidad y relajación.» Según Albert Camus, el teatro francés se dividió en un antes y un después de Jacques Copeau.

Craig, Gordon (1872-1966). Actor, productor, director y escenógrafo británico, es conocido sobretodo como escenógrafo, ya que su concepción de este oficio abarca, en realidad, todo el montaje. En sus primeras producciones, estrenadas en Londres, el diseño de la escenografía destacaba por su minimalismo, focalizando la atención sobre los actores y la iluminación e introduciendo la idea de unidad conceptual, que mantendría a lo largo de toda su carrera. Al no encontrar apoyo económico en Inglaterra, Craig se trasladó a Alemania en 1904, donde conoció a Stanislavski, con quien colaboró en su famosa producción de *Hamlet* en el Teatro de Moscú en 1912. Entre sus ideas destacan el uso de los elementos escénicos en el montaje, tanto la escenografía, como la iluminación o el vestuario, de forma que trasciendan la realidad, en vez de tan sólo representarla como ocurre en el realismo escénico. Estos elementos pueden crear símbolos con los que se puede comunicar un sentido más profundo del texto. Además Craig es conocido por el concepto del actor como Supermarioneta. Consideraba que éste era un elemento plástico más del montaje con capacidad de movimiento. Dejó escritas sus teorías en el libro *Del arte del teatro*.

Esquilo (Eleusis, 525 a. C.-Gela, 456 a. C.). Autor y actor dramático griego. Esquilo hace de la justicia divina, a la que el hombre debe adaptarse, el núcleo de su pensamiento teológico. En su teatro, la fe justificada por los mitos antiguos es siempre racionalizada. Introdujo en la representación teatral un segundo actor y siguiendo la idea de Sófocles, un tercero. Es considerado el padre de la tragedia por la majestad espiritual con que impregnó su obra dramática, a la vez que se encarnaba como símbolo de un pueblo consciente de su situación preeminente en la historia. Una de sus trilogías más conocidas es *La Orestíada*.

Grotowski, Jerzy (Rzeszów, 1933-Pontedera, 1999). Director teatral polaco. Empezó sus estudios de arte dramático en Cracovia, pero pronto su interés por la cultura oriental lo llevó a Pequín. Creía que era necesaria una búsqueda de la comunicación a través de un proceso de desnudamiento, de autopenetración y de ofrecimiento del actor. Reelaboró las ideas de trabajo psicofísico que propone Stanislavski, aportando nuevas perspectivas a través su Instituto de estudios sobre el arte del actor. Su concepción y práctica teatrales quedan definidas en el libro *Hacia un teatro pobre* (1968).

Handke, Peter (Austria, 1942). Poeta, dramaturgo, novelista, guionista y director de cine. Poco después de cumplir los veinte años, Handke se dio a conocer en todo el mundo con tres textos de teatro que hoy siguen siendo fundamentales para entender la historia reciente del teatro europeo: *El pupilo quiere ser tutor, Insultos al público y Kaspar Hauser*. En ellos se presentaban los temas que iban a acompañarlo durante toda su vida, tanto en su narrativa como en su poesía: su preocupación por el lenguaje, por la educación, y por el juicio constante al que los seres humanos son sometidos. En *Insultos al público,* los actores se dirigen al espectador con estas palabras: «Ustedes no asisten a una obra de teatro. Ustedes no son meros receptores. Ustedes están en el centro mismo de la acción. Ustedes son el fuego mismo. Ustedes están inflamados. Ustedes están a punto de ignición. No necesitan un modelo. Ustedes son el modelo. Ya han sido descubiertos. Ustedes son la revelación de la noche. Ustedes nos encienden. Nuestras palabras se inflaman al contacto con ustedes. La chispa que nos inflama, brota de ustedes». Ha escrito numerosas novelas, entre las que destaca *El miedo del portero al penalti* (1972), que Wim Wenders convirtió en película con guión del propio autor. Este film supuso el inicio de una colaboración que culminó con la película *El cielo sobre Berlín*. Sus muchas obras, en general, han sido por igual elogiadas y severamente criticadas por su relación con la naturaleza y los efectos del lenguaje, su frecuente dependencia de elementos autobiográficos y su uso de técnicas poco convencionales. Es un autor fundamental en la literatura contemporánea europea.

Meyerhold, Vsevolod Emílievich (Penza, 1874-Moscú, 1942). Director de teatro ruso. Después de la revolución del 1917, se convirtió en la primera figura del teatro revolucionario. Prescindió del escenario convencional y desarrolló una técnica radical anti-ilusionista. Fue un defensor ardiente del simbolismo en el teatro. Adaptó las tradiciones de la *Commedia dell'arte* al teatro contemporáneo, puso en escena autores polémicos y utilizó escenarios desnudos y objetos en lugar de decorados. Su radicalidad se le giró en su contra, fue acusado de formalista, le impidieron trabajar y acabó muriendo en un campo de concentración. En su libro *Sobre el teatro* (1913) expuso su teoría sobre el teatro convencional.

Piscator, Erwin (Alemania, 1893-1966). Junto a Bertolt Brecht fue uno de los exponentes más importantes del teatro épico, centrado en el contenido sociopolítico del drama y no en la manipulación emocional de la audiencia o en la belleza formal de la producción. En su interés por llegar al público incorporó a la escena nuevos elementos de expresión, creando espectáculos grandiosos e impactantes, cuyo texto no era más que una partitura elaborada desde el punto de vista escénico mediante disparatados artificios: maquinarias complicadas, escenarios rodantes, proyecciones cinematográficas, altavoces, carteles didascálicos y fragmentación en varios planos del escenario teatral tradicional. Luchó en la primera guerra mundial y a su fin se instaló en Berlín, donde formó parte del movimiento dadaísta y fundó y dirigió diversos teatros. Durante su larga trayectoria vivió en Moscú, París y Nueva York, donde dirigió la Escuela de Arte Dramático. Finalmente en 1962 volvió a Alemania donde fue nombrado responsable del Theater am Kufürsterdam. Expuso sus ideas sobre el teatro en *El teatro político* (1929).

Shakespeare, William (Stratford-on-Avon, 1564-1616). Poeta, dramaturgo, comediógrafo y empresario teatral británico. Es el autor teatral más representado de todos los tiempos. Como autor de tragedias (*Romeo y Julieta, Hamlet, El Rey Lear*) podemos destacar su uso de un protagonista admirable, pero imperfecto, al que el público comprende e incluso simpatiza con él, sin que ello le impida ejercer tanto el bien como el mal y al final, ser conducido por el autor a su perdición. Entre las características esenciales de sus comedias (*La Comedia de los errores, Mucho ruido y pocas nueces*) encontramos la vis cómica, la dialéctica de un lenguaje lleno de juegos de palabras, el contraste entre caracteres opuestos por clase social, sexo o género. Además de las alusiones y connotaciones eróticas, los disfraces y la tendencia a la dispersión caótica y la confusión, hasta que el argumento de la historia desemboca en la recuperación de lo perdido y la correspondiente restauración en el marco de lo natural.

Sófocles (Atenas, 496 a. C.-406 a. C.). Poeta trágico griego. Con él, la poesía trágica griega llegó a la máxima perfección formal y la tragedia a su perfección estética. En sus primeras obras, el papel del héroe o la heroína es completado por una figura débil, que pone en relieve el papel protagonista (Ayax) aunque otras, como Antígona, tienen forma de díptico. Pero, poco a poco, va concentrando la acción dramática alrededor de la figura central, el héroe, que llena toda la escena. En sus escritos de madurez, por ejemplo *Edipo Rey,* su obra maestra, todo se organiza de tal manera que la tragedia camina directamente hacia su culminación. En ella, el héroe, puesto en un dilema trágico, toma una decisión heroica y trascendente, que marca su destino.

Stanisvslaski, Konstantin (Moscú, 1863-1938). Fundó con V. I. Nemirovic-Danchenko el Teatro Artístico de Moscú, del que dijo: «Nos rebelamos contra el antiguo estilo interpretativo, la afectación y el falso patetismo, contra la declamación y la exageración bohemia, contra el erróneo convencionalismo en la puesta en escena y en los decorados, contra el *star-system*, que arruina el conjunto, y la mediocridad del repertorio». Multiplicó la cantidad de ensayos de las obras, cada pieza era leída y discutida por todos y cada escena era preparada meticulosamente. Para él, la obra es un conjunto orgánico formado por la voluntad estructuradora del director y nada está ahí por azar. Con la representación en 1898 de *El zar Fiódor* de Tolstoi inició una renovación basada en el naturalismo de las decoraciones, el rigor y la exactitud de cada elemento. Le siguieron montajes de numerosos autores, entre ellos Gorki, Ibsen, Shakespeare, Tolstoi y especialmente Chéjov, con quien mantuvo una colaboración muy estrecha.

Llevó a cabo una importantísima labor como pedagogo, creando el llamado sistema Stanislavski, que consiste en hacer que el actor experimente durante la ejecución del papel emociones parecidas a las del personaje interpretado, recurriendo a ejercicios que estimulan la imaginación, la capacidad de improvisación, la relajación muscular, la respuesta inmediata a una situación imprevista, la reproducción de emociones experimentadas en el pasado, la claridad en la emisión verbal, etc.

Tespis (550 a. C.-500 a. C.). Si bien no se conserva obra suya, ni siquiera de forma fragmentaria, Tespis es considerado por la tradición como el iniciador o inventor de la tragedia, como forma teatral. Según explica en su *Poética* Aristóteles, fue el primero en introducir un personaje o actor, lo que abrió la posibilidad de diálogo con el coro. De esta manera la representación coral perdía parte de su carácter recitativo para iniciar nuevos caminos por la vía del diálogo y del enfrentamiento entre las partes. Se le atribuye además haber introducido la máscara como elemento caracterizador del personaje.

El hombre inteligente, en medio del clamor de los aplausos, cerrará los ojos y con la mente pedirá a los que le aclaman perdón por haber vencido.
GREGORIO MARAÑÓN

Y AHORA UN POCO DE AUTOAYUDA

Estas sugerencias/frases manidas/grandes consejos que presentamos a continuación en muchos casos también sirven para ir por la vida. Son aquel tipo de frases que en las noches malas cuando las cosas nos van realmente fatal deseamos tachar con rotulador rojo, pero cuando las cosas van medianamente mal, nos las repetimos para darnos ánimos. Así que es mejor que las leáis si las cosas van medianamente mal en los ensayos o si van un poco bien. Si no, el libro puede acabar en la basura en menos de un minuto. Y sí, tienden a querer hacernos ambiciosos y poco realistas, pero eso nunca ha estado mal, que nosotros sepamos. Sólo en el diccionario y la televisión basura aparece el éxito antes que el trabajo.

- Los problemas son el precio del éxito.
- Si lo que hiciste ayer te sigue pareciendo fantástico, es porque no has hecho nada bueno hoy.
- Los objetivos mediocres, producen resultados mediocres.
- Nos convertimos en lo que pensamos.

- Es posible que si tienes muchas ideas, algunas serán malas, pero jamás harás nada sin tener ni idea.

- No pierdas el tiempo poniéndote excusas, utilízalo para superar las dificultades.

- El éxito no es para siempre, pero el fracaso tampoco.

- Los que no comenten errores es porque nunca se arriesgan.

- El gran premio por todo este trabajo no es lo que ganas, sino en quién te conviertes.

- Excepto en el teatro, bien hecho es siempre mejor que bien dicho.

- Los sueños no están tan alejados de la realidad. Si puedes soñarlo, puedes hacerlo.

- Preocúpate igual de las cosas pequeñas que de las cosas grandes.

- Sin ambición, nadie empieza nada, pero sin trabajo, nadie acaba nada.

- Un uno por ciento de inspiración, noventa y nueve por ciento de transpiración.

- Sé muy exigente con todo el mundo, pero resígnate con lo que te dan, tienes que montar el espectáculo con lo que tienes, y no con lo que te gustaría tener.

- Crecemos superando dificultades.

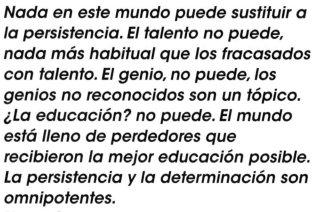

Nada en este mundo puede sustituir a la persistencia. El talento no puede, nada más habitual que los fracasados con talento. El genio, no puede, los genios no reconocidos son un tópico. ¿La educación? no puede. El mundo está lleno de perdedores que recibieron la mejor educación posible. La persistencia y la determinación son omnipotentes.
KALVIN COOLIDGE

ÚLTIMAS PALABRAS

Esperemos que ahora os sea más fácil montar un espectáculo. Pero dejadnos decir una cosa más: no hagáis caso de nada de lo que hemos escrito. Y no lo decimos para epatar ni para copiar los manuales de escritura.

Vamos a razonarlo un poco: el teatro, como cualquier otra materia artística, o no, tiene una historia, unas formas, unas mecánicas, etcétera... que cualquier interesado debe aprender con y sin hache intercalada, pero no para copiar, sino para subvertir. Acabemos con los clásicos, con el teatro comercial y con todas las instituciones. Una vez conoces las reglas, empieza el trabajo de ampliarlas o de romperlas: nada es para siempre y el teatro necesita un gran cambio o nuevos planteamientos. Y vosotros podéis encargaros de empezar a buscar. Piensa que Artaud ya decía que en nuestra tradición escénica, lo específicamente teatral ha desaparecido y que las palabras, que son justo lo contrario, se han hecho con el poder en todos los escenarios. La técnica ha progresado un montón, los escenarios son polivalentes y todos vienen con el proyector de video incorporado, pero al final el teatro, el espectáculo, no es la escenografía, el vestuario, la técnica, sino que es, sencillamente, lo que pasa entre el elenco y los espectadores, en el escenario o en cualquier otro espacio que consideres más adecuado. Y son él y ellos por los únicos que debes preocuparte, porque son los únicos imprescindibles para crear el texto (que nunca es) definitivo.

DICCIONARIO

El vocabulario en torno al teatro es inmenso y nace en el fondo de los tiempos, en la antigua Grecia, aterrizando en nuestros días con algunas palabras adaptadas a las nuevas tecnologías de proyección de luz o de imagen. Aquí os presentamos un batiburrillo de palabrejas, algunas porque nos gusta conservalas, ya que nos hacen entender cómo eran los teatros de antes, otras porque nos remiten a costumbres olvidadas, que se han quedado enredadas en la nostalgia, y finalmente unas terceras que pueden ser útiles para comunicarnos con mayor propiedad, algo que nunca está de más. Muchas veces explicando el origen de las palabras entendemos mejor qué estamos diciendo y las podemos usar con mayor propiedad. No es lo mismo decir a un actor que se acerque al espectador, que que vaya hacia el proscenio, y muchos teatreros te agradecerán que sepas realmente que la corbata no es solamente aquello que uno se pone para ir a trabajar o cuando tiene algún compromiso.

Acotación: Información que da el autor al margen de los diálogos y al servicio de la escena, sobre los personajes, la acción o lo que buenamente quiera. Algunos autores contemporaneos decidiron su supresión completa.

Anfiteatro: Del griego *anfi*, alrededor. Son las butacas colocadas en gradas y en semicírculo, alrededor de la platea, a diferentes alturas.

Apagón/Oscuro. Se utiliza un término u otro cuando la luz que baña el escenario se seca como si accionáramos un interruptor, con la intención de provocar algo en el espectador.

Aparte: Convención dramática. Los personajes hablan para sí mismos o para otro u otros, para el mismo público, sin que los demás personajes que hay en escena en ese mismo momento a su lado, los oigan.

Apuntador: Antiguamente el que durante la representación le recordaba la letra al reparto. Hoy en día es otra función del ayudante de dirección durante los ensayos.

Atrezo/Utilería: De nuevo en nuestro vocabulario teatral dos palabras que vienen de Italia y Francia, respectivamente, para referirse a un trabajo en franca decadencia. Una posible definición sería: todo lo que el reparto manipula en escena que no es escenografía ni vestuario.

Bastidor: Armazón de listones o barillas de metal o plástico, etcétera, que sostiene y tensa un lienzo sobre el que se pinta el decorado. Muy antiguo. *Entre bastidores:* De espaldas al público.

Bolo: Actuación puntual sin continuidad.

Cámara negra: Conjunto de telas que visten el escenario. Consta de un telón de fondo, que tapa el culo del escenario, un telón, unas bambalinas, que son unas falditas bamboleantes que tapan las barras de los decorados y de los focos y los bastidores, y que subdividen el escenario en cajas y evitan que el público vea el elenco cuando se prepara para salir a escena.

Camerino: Habitación donde se cambian y se maquillan los actores y actrices. Normalmente está situado cerca del escenario, aunque en algunos nuevos teatros, tengas que coger el ascensor para salir a escena.

Candilejas: Pequeños focos o bombillas que recorren todo el perímetro de la corbata o el proscenio. Se suele decir que un actor traspasa las candilejas cuando llega bien al público.

Catarsis: Una purificación o purga de las pasiones del espectador al sublimar o identificarse con los buenos principios y el sacrificio del héroe.

Ciclorama: Del griego, *ciclos*-círculo, *orama*-vista. Tela situada al fondo del escenario que, pintada o no, nos provoca una sensación de profundidad.

Claque: Grupo de amigos que acostumbra a mejorar un mal día de estreno.

Corbata o proscenio: Es el espacio del escenario que queda a la vista cuando el telón está bajado.

Derecha e izquierda del escenario: Siempre es la derecha o la izquierda del espectador.

Dicción: La manera de decir el texto tanto en prosa como en verso, con claridad y fluidez.

Enbocadura: Boca o abertura del escenario de un teatro.

Enfilarse: Ponerse en fila respecto al observador, o sea, al director. Tapar un actor a otro, olvidarse de las diagonales.

Foro: La parte del escenario o de la escenografía en las antípodas de la embocadura.

Gromeló: Palabra de origen francés, que designa cuando un actor farfulla sin que se le entienda nada, pero haciéndonos creer que está lleno de significado, a la manera de Mariano Ozores o Darío Fo.

Lectura: La búsqueda del sentido de la obra y de un concienzudo conocimiento de los personajes.

Libreto: La obra escrita fotocopiada. Originalmente se denominaba así la letra de la ópera de la zarzuela o de la opereta.

Mutis: Es la palabra que se utiliza o utilizaba para pedir a un actor o actriz que salga de escena. *Hacer mutis:* Callarse. *Hacer mutis por el foro:* Salir por el susodicho lugar.

Ñaque: Una compañía de teatro con dos actores, o sea, la ejemplificación de la teoría del eterno retorno.

Palco: Pequeña pieza independiente con algunas localidades. Las hay a dos alturas: En el primer piso y alrededor de platea. Incluso en algún teatro se puede encontrar algun palco en el escenario.

Papel/Rol: Cualquier personaje de una obra dramática cuando la representa un actor.

Paraíso: En algunos teatros a la italiana, las localidades más alejadas del escenario. Se ven muy mal, pero la tradición dice que es donde mejor se oye. (No te lo creas, nada como las filas cinco o la seis de platea, bien centradas, para disfrutar).

Patear/Silbar: Demostración clarividente del público, cuando lo que veía no era de su agrado. Muy mal visto y sobre todo muy poco visto en nuestro mundo políticamente correcto. Lástima.

Peine: Parte superior del telar del que cuelgan las tiras que sujetan las varas de las que penden telones, focos, bambalinas.

Pie: Palabra o palabras con las que termina una réplica.

Platea: Patio de butacas de los teatros italianos o isabelinos. Normalmente más bajo que el escenario.

Practicable: En las escenografías son las puertas u otros elementos que se pueden utilizar realmente.

Proscenio: En la antiguedad era el lugar donde actuaban los actores. La escena, el proscenio y la orquesta estaban escalonados, siendo la más alta la primera, y la más baja la última.

Reparto: Distribución de los papeles de la obra entre los actores y actrices.

Réplica: Las palabras que dice un personaje para contestar lo que le pregunta o sugiere otro personaje, o para explicarse él mismo.

Subtexto: Lo que no dice el texto, pero nosotros entendemos al ver la interpretación. O como decía Pinter: la presión tras las palabras.

Tablado: Suelo del escenario del teatro.

Tablilla: Tabla pequeña en la que el regidor informa de lo que es menester y apunta a los que se portan mal. Completamente en desuso en los teatros alternativos.

Telar: Está en la parte alta del escenario, oculto al público y es de dónde cuelgan los decorados.

Telón: Los hay de diferentes tipos: cuando cae de arriba abajo se le llama de guillotina, cuando está cortado por la mitad y saliendo desde la derecha y desde la izquierda se junta en el centro, a la americana. El telón a la italiana es parecido a la americana, pero al final, se recoge. A la brechtiana, el telón, de una sola pieza, va sobre una guía metálica y tanto va hacia un lado como hacia el otro. Telón de seguridad o de hierro: es el que cae en caso de incendio para aislar una parte u otra.

BIBLIOGRAFÍA

Aristóteles, *Poética*, Gredos, 1974.

Boal, Augusto, *Juegos para actores y no actores*, Teatro del Oprimido, Alba, 2002.

Brecht, Bertolt, *Escritos sobre teatro*, Alba, 2004.

—, *El pequeño organón para el teatro escrito en 1948*, Don Quijote.

Brook, Peter, *La puerta abierta. Reflexiones sobre la interpretación y el teatro*, Alba, 1994.

—, *El espacio vacío*, Península, 2012.

Copeau, Jacques, *Hay que rehacerlo todo. Escritos sobre teatro*, Blanca Baltés-Asociación de Directores de Escena, 2002.

Craze, Richard, *La técnica Alexander*, Paidotribo, 2007.

Gordon Craig, Edward, *El arte del teatro: Hacia un nuevo teatro*, Asociación de Directores de Escena, 2011.

Grotowski, Jerzy, *Hacia un teatro pobre*, Editorial Siglo XXI, 2009.

Lecoq, Jacques, *El cuerpo poético. Una pedagogía de la creación teatral*, Alba, 2003.

Mamet, David, *Verdadero y falso. Herejía y sentido común para el actor*, Alba, 2011.

Meyerhold, Vsevolo E., *Textos teóricos*, Asociación de Directores de Escena, 2008.

Poirot-Delpech, Bertrand, y Artaud, Antonin, *El teatro y su doble*, Edhasa, 2010.

Schinca, Marta, *Expresión corporal. Técnica y expresión del movimiento*, Wolters Kluwer, 2010.

Stanivslaski, Konstantin, *El trabajo del actor sobre sí mismo en el proceso creador de la encarnación*, Alba, 2009.

En la misma colección

Taller de teatro/música

EL MIEDO ESCÉNICO

Anna Cester

Muchos cantantes, bailarines, actores, músicos… ya sean amateurs, estudiantes o grandes intérpretes afirman que la ansiedad escénica les afecta negativamente, disminuyendo su rendimiento y la calidad de su actuación. Es un hecho evidente que el trac no es selectivo, nos afecta a todos en mayor o menor intensidad.

El objetivo principal de este libro es ofrecer al lector conocimientos y habilidades en la preparación para actuar ante público, así como recursos para afrontar la ansiedad escénica sin que ésta interfiera en su buena interpretación

Taller de escritura

EL ESCRITOR SIN FRONTERAS

Mariano José Vázquez Alonso

Este es un libro con vocación de ayudar tanto a quienes han hecho de la escritura su profesión como aquellas otras personas que tienen como meta plasmar una brillante idea en forma de novela.

A través de detalladas técnicas el lector encontrará la manera más fácil y directa de encontrar un tema adecuado, desarrollar una trama, construir una localización, dar rasgos de verosimilitud a un personaje o dar con la palabra precisa que le ayudarán a construir su propia voz.

- Escoger el lenguaje adecuado.
- Diferencia entre trama y argumento.
- ¿Narrar en primera o en tercera persona?

CÓMO VIVIR SIN DOLOR SI ERES MÚSICO
Ana Velázquez

Los músicos están expuestos –más que la mayoría de las profesiones– a lesiones musculares y articulares debido a la repetición de sus movimientos. La mejor manera de prevenirlas es enseñando desde los comienzos la más óptima colocación del instrumento y evitar las alteraciones en el sistema postural.

Este libro ofrece los recursos necesarios en cada tipo de instrumento para mejorar la postura interpretativa y evitar lesiones que mermen el trabajo de un músico. Tiene como finalidad optimizar el rendimiento y calidad artística del músico ya que ofrece recursos para mejorar la postura interpretativa y en consecuencia la relación que cada músico tiene con su instrumento.

TÉCNICA ALEXANDER PARA MÚSICOS
Rafael García

La técnica Alexander es cambio. Un cambio de conducta que implica una visión más amplia de la música y del intérprete. La atención no se centra exclusivamente en los resultados, sino también en mejorar y cuidar todas aquellas áreas que conducen a una experiencia musical más satisfactoria.
Aprender a ver más allá del atril, levantarse de vez en cuando de la silla para tomar aire y reemprender la tarea con energía renovada, representa una medida saludable para el músico.
La técnica Alexander toma de la mano tanto las necesidades artísticas del intérprete, como los pilares del funcionamiento corporal que promueven en él una postura sana y movimientos libres. El resultado es beneficioso para ambos. La faceta artística del músico se amplía enormemente al reducir el número de interferencias en la interpretación, y a su vez, el bienestar corporal alcanzado lleva a una experiencia de mayor satisfacción.

MUSICOTERAPIA
Gabriel Pereyra

Este libro ofrece un viaje por el mundo del sonido y del ritmo.
A lo largo de sus páginas irán apareciendo un sinfín de posibilidades inexploradas que puede otorgar el poder de la música, acompañadas de diversos ejemplos para mejorar el nivel de relajación o aumentar la concentración, y otros para combatir el estrés o aliviar el dolor.
Gracias a los ejercicios planteados, el lector podrá desarrollar su musicalidad y alcanzar el equilibrio en la vida cotidiana, agudizando los sentidos, y mejorando su salud física y mental.

- La influencia de la música sobre el cuerpo humano.
- Los cuatro tipos de oyentes.
- El efecto Mozart.